PRODUTIVIDADE LENTA

OUTROS LIVROS DE CAL NEWPORT

Um Mundo sem E-mail

Minimalismo Digital

Trabalho Focado

Bom Demais Para Ser Ignorado

How to Be a High School Superstar

How to Become a Straight-A Student

How to Win at College

Cal Newport

PRODUTIVIDADE LENTA

A arte esquecida de produzir sem se esgotar

ALTA BOOKS
GRUPO EDITORIAL
Rio de Janeiro, 2025

Produtividade Lenta

ISBN: 978-85-508-2580-9

Alta Books é uma Editora do Grupo Editorial Alta Books.

Impresso no Brasil — 1ª Edição, 2025 — Edição revisada conforme o Acordo Ortográfico da Língua Portuguesa de 2009.

Dados Internacionais de Catalogação na Publicação (CIP)
(BENITEZ Catalogação Ass. Editorial, MS, Brasil)

N558p
1.ed. Newport, Cal
Produtividade lenta : a arte esquecida de produzir sem se esgotar / Cal Newport ; tradução Andresa Vidal. - 1.ed. - Rio de Janeiro : Alta Books, 2025.
256 p.; 15,7 x 23 cm.

Título original: Slow productivity.
ISBN 978-85-508-2580-9

1. Desenvolvimento profissional. 2. Equipe de trabalho. 3. Liderança. 4. Performance. 5. Produtividade no trabalho. I. Vidal, Andresa. II. Título.

01-2025/116 CDD 658.1

Índice para catálogo sistemático:
1. Desenvolvimento profissional : Produtividade : Administração 658.1
Aline Graziele Benitez - Bibliotecária - CRB-1/3129

Grupo Editorial Alta Books

Produção Editorial: Grupo Editorial Alta Books
Diretor Editorial: Anderson Vieira
Editor da Obra: José Ruggeri
Vendas Governamentais: Cristiane Mutüs
Gerência Comercial: Claudio Lima

Produtor Editorial: Thiê Alves
Tradução: Andresa Vidal
Copidesque: Christiano Sensi
Revisão: Denise Himpel
Diagramação: Joyce Matos

ALTA BOOKS
GRUPO EDITORIAL

Rua Viúva Cláudio, 291 — Bairro Industrial do Jacaré
CEP: 20.970-031 — Rio de Janeiro (RJ)
Tels.: (21) 3278-8069 / 3278-8419
www.altabooks.com.br — altabooks@altabooks.com.br
Ouvidoria: ouvidoria@altabooks.com.br

Editora **afiliada à:** ASSOCIADO

Para minha família, por me lembrar todos os dias de como é bom desacelarar.

SUMÁRIO

AGRADECIMENTOS

Não consigo determinar o momento exato em que a frase "produtividade lenta" entrou no meu vocabulário. Essa filosofia parece ter surgido de maneira um tanto espontânea durante o primeiro ano da pandemia de coronavírus, período em que iniciei um diálogo intenso e muito frutífero com meu público sobre trabalho, produtividade e propósito. Antes de tudo, quero agradecê-los pelo papel essencial que desempenharam ao me incentivar a seguir com essa ideia.

Quando a ideia tomou forma, foi a minha agente literária, Laurie Abkemeier, quem me ajudou a organizá-la para se tornar um projeto de livro coerente. Durante esse processo, Laurie e eu ultrapassamos a marca de mais de duas décadas de trabalho juntos, uma relação profissional e de amizade que remonta aos meus 20 anos; na época eu era um estudante veterano em ascensão em Dartmouth, procurando representação para vender um livro sobre como ter sucesso na faculdade. É difícil mensurar o impacto que Laurie e sua mentoria tiveram na formação de todos os aspectos da minha carreira como escritor. Sou imensamente grato a isso. Devo também agradecer, é claro, à equipe da Portfolio Books, sob a liderança de Adrian Zackheim, por continuarem a acreditar em mim e nas minhas ideias. Este é o terceiro livro que escrevi para a editora, e o terceiro livro adquirido e editado por Niki Papadopoulos, que vem sendo um sonho de editor ao longo destes últimos seis anos, aproximadamente. Também fiquei muito feliz quando Lydia Yadi, que havia editado meus livros mais recentes para o Reino Unido, juntou-se à equipe editorial de *Produtividade Lenta*. Agradeço por todos os comentários e sugestões incisivos de Lydia, que contribuíram para moldar este livro.

Agradeço aos talentosos membros da equipe de marketing e publicidade da Portfolio, que trabalharam comigo com sucesso em meus projetos anteriores e com quem estou ansioso para colaborar nesta nova empreitada. Agradeço especialmente à Margot Stamas, que atuou em todos os meus títulos da Portfolio até hoje, e Mary Kate Rogers, que também esteve comigo em vários projetos. Essas pessoas tornam o processo de divulgar o meu trabalho ao mundo algo mais fácil e empolgante.

Também gostaria de agradecer a Josh Rothman e Mike Agger, meus editores na revista *The New Yorker*, onde muitas das ideias deste livro foram inicialmente desenvolvidas. O apoio contínuo deles ao meu trabalho e às minhas ideias vem sendo crucial para o meu crescimento como autor e pensador. Ainda fico impressionado e honrado pela confiança que depositaram em mim e pela mentoria.

E, finalmente, devo agradecer à minha incansável esposa, Julie, por suportar todos os sacrifícios envolvidos em ter um marido viciado em escrever livros. Ela esteve ao meu lado em cada um dos oito livros que publiquei até hoje, então conhece muito bem as exigências desse processo. Por sua compreensão e paciência, permaneço, como sempre, profundamente grato.

INTRODUÇÃO

No verão de 1966, perto de Princeton, em Nova Jersey, praticamente no final de seu segundo ano como redator da equipe da *The New Yorker*, John McPhee se encontrava em seu quintal, deitado de barriga para cima em uma mesa de piquenique sob um freixo. "Eu me deitei naquela mesa todo dia por quase duas semanas, olhando para cima, entre os galhos e as folhas, lutando contra o medo e o pânico", ele relembra em seu livro publicado em 2017, *Draft No. 4: On The Writing Process*. McPhee já havia publicado cinco artigos longos para a *The New Yorker* e, antes disso, havia sido editor associado da *Time* por sete anos. Em outras palavras, ele não era novato na escrita, mas o artigo que o deixou imobilizado em sua mesa de piquenique naquele verão era o mais complicado que ele havia tentado escrever até então.

Em seus artigos anteriores, McPhee havia escrito perfis, como seu primeiro grande trabalho para a *The New Yorker*, "A Sense of Where You Are", que acompanhava a estrela do basquete da Universidade de Princeton Bill Bradley. Ele também havia escrito relatos históricos: na primavera de 1966, publicou um artigo em duas partes sobre laranjas, que traçava a história da humilde fruta desde sua primeira referência em 500 a.C., na China. No entanto, o projeto de McPhee à época, que abordava o tema impossivelmente amplo dos pinheirais do sul de Nova Jersey, estava exigindo muito mais dele. Em vez de escrever um perfil focado, ele tinha que entrelaçar as histórias de múltiplos personagens, incluindo recriações extensas de diálogo e visitas a ambientes específicos. Em vez de resumir a história de um único objeto, ele tinha que mergulhar na história geológica, ecológica e até política de toda uma região.

McPhee passou oito meses pesquisando o assunto antes de acabar paralisado em cima da mesa de piquenique, reunindo o que ele mais tarde chamou de "material suficiente para encher um silo". Ele havia viajado de sua casa em Princeton para os pinheirais mais vezes do que podia se lembrar, muitas delas com um saco de dormir para estender sua estadia. Havia lido todos os livros relevantes e conversado com todas as pessoas que importavam. Agora que tinha que começar a escrever, ele se sentia esgotado. "Pareceu normal não sentir confiança no início", explicou. "Não importa se algo que você tenha feito antes tenha dado certo. Seu último trabalho nunca vai escrever o próximo para você." Então, McPhee se deitou em sua mesa de piquenique, olhando para cima, para os galhos daquele freixo, tentando descobrir como fazer aquele conjunto volumoso de fontes e histórias funcionar. Ele permaneceu naquela mesa por duas semanas até que uma solução para seu dilema finalmente chegasse: Fred Brown.

No início de sua pesquisa, McPhee conheceu Brown, um homem de 79 anos que vivia em um barraco no meio dos pinheirais. Tempos depois, eles passaram muitos dias vagando pela floresta juntos. A revelação que fez McPhee sair de cima de sua mesa de piquenique foi que, de alguma forma, Brown parecia estar conectado à maioria dos tópicos que ele queria abordar em seu artigo. Poderia introduzir Brown no início do texto e, em seguida, estruturar os tópicos que desejava explorar como desvios da linha principal de suas aventuras com Brown.

Mesmo depois de encontrar essa solução, McPhee levou mais de um ano para terminar de escrever seu artigo, trabalhando em um modesto escritório alugado na rua Nassau, em Princeton, que ficava em cima de uma ótica e em frente a um salão de massagem sueca. O artigo final teria mais de 30 mil palavras e seria dividido em duas partes, para aparecer em duas edições consecutivas da revista. É uma reportagem longa incrível e um dos trabalhos mais queridos na extensa bibliografia de McPhee. No entanto, não teria existido sem a disposição de McPhee de deixar tudo de lado para simplesmente se deitar, olhar para o céu, e pensar intensamente em como criar algo maravilhoso.

Eu me deparei com essa história de John McPhee durante os primeiros dias da pandemia de coronavírus, que foi, para dizer o mínimo, um momento difícil para quem trabalha com conhecimento. À medida que aquela primavera ansiosa passava, uma inquietação de longa data com as exigências *de produtividade* entre aqueles que trabalham em escritórios e diante de telas para ganhar a vida começou a transbordar sob o estresse das interrupções relacionadas à pandemia. Como alguém que frequentemente abordava questões de produtividade em minha escrita sobre tecnologia e distração, experimentei diretamente essa reação intensificada. "A linguagem da produtividade é um impedimento para mim", explicou-me um dos meus leitores em um e-mail. "O prazer em pensar e fazer as coisas bem é um prazer humano tão profundamente enraizado... E, para mim, parece diluído quando está vinculado à produtividade." Um comentarista no meu blog acrescentou: "A terminologia de produtividade codifica não apenas a realização das coisas, mas fazê-las a todo custo". O papel específico da pandemia como impulsionador desses sentimentos muitas vezes era evidente nas respostas. Como um leitor perspicaz elaborou: "O fato de que produtividade é o que você produz, no mínimo, ficou ainda mais claro durante esta pandemia, já que esperavam que os pais, afortunados o suficiente para ainda terem empregos, produzissem o mesmo de antes enquanto cuidam e educam os filhos". Essa energia me surpreendeu. Eu amo meu público, mas *enérgico* não é um termo que eu costumava usar para descrevê-lo. Até agora. Algo estava claramente mudando.

Como logo descobri, esse crescente sentimento antiprodutividade não estava confinado apenas aos meus leitores. Entre a primavera de 2020 e o verão de 2021, um período de menos de um ano e meio, pelo menos quatro livros importantes foram publicados que miravam diretamente nas noções populares de produtividade. Isso incluía *Não Faça Nada*, de Celeste Headlee; *Can't Even*, de Anne Helen Petersen; *Laziness Does Not Exist*, de Devon Price e *Quatro Mil Semanas*, deliciosamente sarcástico, de Oliver Burkeman. Essa exaustão com o trabalho também refletiu em várias ondas de tendências sociais amplamente relatadas que surgiram uma após a outra durante a pandemia. Primeiro, houve a chamada "Grande Demissão" nos Estados Unidos. Embora esse fenômeno tenha abrangido a retirada da participação da força de trabalho de muitos setores econômicos diferentes, entre essas muitas subnarrativas, houve uma clara tendência entre os trabalhadores acerca do conhecimento de reduzir as exigências de suas carreiras. A

Grande Demissão foi, então, seguida pela ascensão do *quiet quitting* ["demissão silenciosa", em tradução livre], na qual um grupo mais jovem de trabalhadores começou a resistir agressivamente às demandas de produtividade de seus empregadores.

"Estamos sempre sobrecarregados e estressados, insatisfeitos, e tentando alcançar um nível que se eleva cada vez mais", escreve Celeste Headlee na introdução de *Não Faça Nada*. Alguns anos antes, esse sentimento poderia parecer provocativo. No entanto, quando a pandemia atingiu seu auge, surgiram muitos adeptos a esse pensamento.

Ao testemunhar esse descontentamento crescendo cada vez mais rápido, ficou claro para mim que algo importante estava acontecendo. Os trabalhadores intelectuais estavam exaustos, esgotados por estarem ocupados de forma cada vez mais implacável. A pandemia não só introduziu essa tendência como empurrou seus piores excessos para além do limite da tolerabilidade. Quando aqueles que trabalham com conhecimento foram subitamente lançados ao trabalho remoto, enquanto seus filhos gritavam no cômodo ao lado, e eles mesmos estavam presos em sequências de reuniões via Zoom, eles começaram a se perguntar: "O que estamos, de fato, fazendo aqui?"

Comecei a cobrir extensivamente o descontentamento dos trabalhadores do conhecimento, bem como elaborações alternativas de significado profissional, em minha antiga *newsletter*, bem como em um novo podcast que lancei no início da pandemia. À medida que o movimento antiprodutividade continuava a ganhar força, também comecei a abordar o tema com mais frequência em minhas reportagens para a *The New Yorker*, onde sou membro da equipe de colaboradores, o que acabou levando, durante o outono de 2021, à criação da coluna quinzenal *Office Space* [*Espaço de Escritório*, em tradução livre] dedicada a esse assunto.

As histórias que eu descobri eram complicadas. As pessoas estavam sobrecarregadas, mas as fontes dessa exaustão crescente não eram óbvias. As discussões online sobre essas questões não eram escassas, e as teorias, muitas vezes, contraditórias: os empregadores estavam aumentando implacavelmente as demandas sobre seus funcionários na tentativa de extrair mais valor de seu trabalho. Não, na verdade, é uma cultura internalizada que valoriza a ocupação e leva-nos à exaustão, impulsionada por influenciadores de produtividade online. Ou talvez o que estejamos vendo seja realmente o colapso inevitável da "última fase do capitalismo". Houve acusações, desabafos de frustrações, e enquanto isso, os trabalhadores intelectuais continuavam a mergulhar em infelicidade. A situação parecia sombria, mas à medida que continuei minha própria pesquisa sobre o tema, um lampejo de otimismo surgiu, provocado pela própria narração com o qual começamos esta discussão.

Quando encontrei, pela primeira vez, a história dos longos dias que John McPhee passou olhando para cima, para as árvores em seu quintal, eu a recebi com nostalgia — pareceu uma cena de um tempo muito distante, quando aqueles que ganhavam a vida com suas mentes realmente tinham o tempo e o espaço necessários para criar coisas impressionantes. "Não seria ótimo ter um trabalho assim, onde você não precisasse se preocupar em ser *produtivo*?", pensei. Mas, enfim, uma realização insistente surgiu. McPhee *era* produtivo. Se você ampliar a visão daquilo que ele fazia naquela mesa de piquenique naqueles dias específicos de verão em 1966, e considerar toda a sua carreira, você verá um escritor que já publicou 29 livros, um dos quais ganhou um Prêmio Pulitzer, e dois que foram indicados para o National Book Awards. Ele também escreveu artigos de relevância para a *The New Yorker* por mais de cinco décadas, e por meio de seu famoso curso de não ficção criativa de longa data na Universidade de Princeton, ele orientou muitos jovens escritores que seguiram carreiras importantes, uma lista que inclui Richard Preston, Eric Schlosser, Jennifer Weiner e David Remnick. Não há definição razoável de produtividade que não deva também se aplicar a John McPhee, e, ainda assim, seus hábitos de trabalho não tem nada de frenético, sobrecarregado ou avassalador.

Essa percepção inicial foi o que desenvolveu a ideia central que este livro explorará: talvez o problema daqueles que trabalham com conhecimento não seja com a produtividade em um sentido geral, mas, sim, com uma falha definição específica desse termo, que se estabeleceu nas últimas décadas. A sobrecarga implacável que está nos desgastando é gerada pela crença de que um trabalho "bom" requer uma ocupação crescente — respostas mais rápidas a e-mails e mensagens, mais reuniões, mais tarefas, mais horas. Mas quando olhamos essa premissa de perto, falhamos em encontrar uma base sólida. Passei a acreditar que abordagens alternativas para a produtividade podem ser igualmente justificadas, tanto aquelas em que listas de tarefas extensas e atividade constante são rebaixadas em importância, a algo como a intencionalidade tranquila e elogiada de John McPhee. Na verdade, ficou claro que os hábitos e rituais dos trabalhadores intelectuais tradicionais como McPhee eram mais do que apenas inspiradores; sem deixar de levar em conta as realidades dos empregos do século XXI, eles poderiam fornecer uma rica fonte de ideias sobre como poderíamos transformar nosso entendimento moderno sobre o sucesso profissional.

Essas revelações desencadearam novas ideias sobre como abordamos nosso trabalho, enfim reunindo-se em uma alternativa completa às suposições que estão impulsionando nossa atual exaustão:

PRODUTIVIDADE LENTA

Uma filosofia para organizar os esforços de trabalho intelectual de maneira sustentável e significativa, baseada em três princípios:

1. Faça menos coisas.
2. Trabalhe em um ritmo natural.
3. Preocupe-se com a qualidade.

Como você aprenderá nas páginas a seguir, esta filosofia rejeita a ocupação excessiva, vendo a sobrecarga como um obstáculo para se produzir resultados que importam, e não um troféu do qual se orgulhar. Também postula que os esforços profissionais devem se desdobrar em um ritmo mais variado e humano, com períodos intensos contrabalançados por momentos de relaxamento em diferentes escalas de tempo, e que o foco na qualidade ótima, e não na atividade performática, deve sustentar tudo. Na segunda parte deste livro, detalharei os princípios fundamentais da filosofia, fornecendo justificativas teóricas para o fato desses princípios estarem corretos e conselhos concretos sobre como agir de acordo com eles em sua vida profissional específica, independentemente de você administrar sua própria empresa ou trabalhar sob a supervisão de um superior.

Meu objetivo não é simplesmente oferecer dicas sobre como tornar seu trabalho menos exaustivo. Nem é simplesmente agitar meu punho metafórico em seu nome contra os monstros exploradores que são indiferentes à sua situação de estresse (apesar de que certamente faremos isso um pouco). Em vez disso, eu quero propor uma maneira *totalmente nova* para você, sua pequena empresa, ou para seu empregador pensar sobre o que significa, de fato, realizar as coisas. Quero resgatar o trabalho intelectual de sua zona frenética e cada vez mais insustentável, e reconstruí-lo, tornando-o algo mais sustentável e humano, permitindo que você crie coisas das quais se orgulha sem exigir que se desgaste no processo. Claro, não será em todo trabalho de escritório que se desfrutará imediatamente da possibilidade de se adotar este ritmo mais intencional, mas, como detalharei, isso é mais amplamente aplicável do que você pode imaginar à primeira vista. Em outras palavras, quero provar a você que produzir sem se sentir esgotado não é apenas possível, mas deve ser o novo padrão.

Antes de nos adiantarmos, no entanto, em primeiro lugar precisamos entender como o setor do conhecimento se deparou com sua atual relação disfuncional com a produtividade, pois será mais fácil rejeitar o status quo uma vez que verdadeiramente compreendamos a aleatoriedade de sua formação. É em busca desse objetivo que agora iniciaremos nossa jornada.

Parte 1

FUNDAMENTOS

1 ASCENSÃO E QUEDA DA PSEUDOPRODUTIVIDADE

No verão de 1995, Leslie Moonves, o novo diretor de entretenimento da CBS, estava vagando pelos corredores dos estúdios da enorme sede da Television City. Ele não ficou feliz com o que viu: eram 15h30 de uma sexta-feira e o escritório já estava praticamente vazio. Conforme relata o jornalista de mídia Bill Carter em *Desperate Networks*, seu livro publicado em 2006 sobre a indústria televisiva daquele período, Moonves, irritado, enviou um memorando acalorado para seus funcionários sobre ter visto o escritório vazio. "A menos que não tenham percebido, estamos em terceiro lugar [na audiência]", ele escreveu. "Minha suposição é que na ABC e na NBC a equipe ainda está trabalhando às 15h30 das sextas-feiras. Isso não será mais tolerado."

Num primeiro momento, essa cena nos apresenta um exemplo estereotipado de como o setor de trabalho com o conhecimento passou a refletir produtividade durante o século XX: "Trabalho" é a uma coisa indefinida que os funcionários fazem no escritório. Mais trabalho gera mais resultados do que menos. É trabalho do gestor assegurar que trabalho *suficiente* esteja sendo feito, porque sem essa pressão, os funcionários mais preguiçosos trabalharão o mínimo possível. As empresas mais bem-sucedidas têm os funcionários mais dedicados.

Mas como desenvolvemos essas crenças? Já as ouvimos tantas vezes que nos convencemos de que devem ser verdadeiras, mas uma análise mais detalhada revela uma história mais complexa. Não é preciso ir muito a fundo para descobrir que, no ambiente de trabalho intelectual, quando se trata do objetivo básico de realizar tarefas, o fato é que sabemos bem menos do que imaginamos...

O que Significa "Produtividade"?

À medida que o crescente cansaço da nossa cultura com a "produtividade" se tornou cada vez mais evidente nos últimos anos, decidi realizar uma pesquisa com meus leitores sobre o tema. Meu objetivo era matizar minha compreensão sobre o que estava impulsionando essa mudança. No final, cerca de setecentas pessoas, quase todas trabalhadoras do conhecimento, participaram do meu estudo informal. Minha primeira pergunta substancial precisava ser fácil, como uma espécie de aquecimento: "Em seu campo profissional específico, como a maioria das pessoas definiria 'produtividade' ou 'ser produtivo'?" As respostas que recebi a essa questão inicial, no entanto, me surpreenderam. O problema era não era tanto o que eles diziam, mas o que não diziam. De longe, a resposta mais comum era simplesmente listar os *tipos* de atividades que o respondente realizava em seu trabalho.

"Produzir conteúdo e serviços para benefício dos membros da nossa organização", respondeu um executivo chamado Michael. "A capacidade de produzir [sermões] enquanto cuida simultaneamente de seu rebanho em visitas pessoais", disse um pastor chamado Jason. Uma pesquisadora chamada Marianna apontou para "participar de reuniões... conduzir experimentos de laboratório... e produzir artigos revisados por pares". Um diretor de engenharia chamado George definiu produtividade como "fazer o que você disse que faria".

Nenhuma dessas respostas incluía metas específicas a serem alcançadas, ou medidas de desempenho que pudessem diferenciar entre fazer um trabalho bem-feito ou malfeito. Quando se mencionava quantidades, o que *era* dito tendia ao sentido geral de que mais é sempre melhor. ("Produtividade é 'trabalhar o tempo todo'", explicou um exausto pós-doutorando chamado Soph.) Conforme eu lia mais das minhas pesquisas, uma revelação inquietante começou a surgir: apesar de todas as nossas reclamações sobre o termo, os trabalhadores do conhecimento não têm uma definição acordada sobre o que "produtividade" realmente significa.

Essa ideia vaga se estende para além da reflexão individual; ela também é refletida em tratos acadêmicos sobre o assunto. Em 1999, o teórico de administração Peter Drucker publicou um artigo influente intitulado "Knowledge-Worker Productivity: The Biggest Challenge" ["A Produtividade do Trabalhador do Conhecimento: O Maior Desafio", em tradução livre]. No início do artigo, Drucker admite que "o trabalho sobre a produtividade do trabalhador do conhecimento mal começou". Em uma tentativa de corrigir essa realidade, ele passa a listar seis "fatores principais" que influenciam a produtividade no setor do conhecimento, incluindo clareza sobre as tarefas e compromisso com a aprendizagem contínua e a inovação. Como nas respostas da minha pesquisa, tudo isso é apenas uma forma de contornar o problema — identificando coisas que *podem* apoiar o trabalho produtivo de modo geral, sem fornecer propriedades específicas a serem medidas ou processos a serem melhorados. Alguns anos atrás, entrevistei para um artigo um respeitável professor de administração da Babson College chamado Tom Davenport. Eu estava interessado em Davenport porque, no início de sua carreira, ele foi um dos poucos acadêmicos que encontrei que tentou seriamente estudar a produtividade no setor do conhecimento, o que culminou em seu livro publicado em 2005, *Thinking for a Living: How to Get Better Performance and Results from Knowledge Workers* ["Pensar para Viver: Como Obter Melhor Desempenho e Resultados dos Trabalhadores do Conhecimento", em tradução livre]. Davenport acabou se frustrando com a dificuldade de fazer progressos significativos neste assunto e migrou para áreas que tinham mais procura. "Na maioria dos casos, não se mede a produtividade dos trabalhadores do conhecimento", explicou. "E quando o fazemos, é de maneira muito boba, como quantos artigos os acadêmicos produzem, independentemente da qualidade. Ainda estamos em estágios muito iniciais." Davenport escreveu ou editou 25 livros. Ele me contou que *Thinking for a Living* foi o que menos vendeu.

É difícil enfatizar o suficiente o quão incomum é o fato de um setor econômico tão grande quanto o do trabalho intelectual careça de definições padrão úteis de produtividade. Na maioria das outras áreas da economia, a produtividade não é apenas um conceito bem definido, mas também muitas vezes é um fator central para definir como o trabalho se desenrola. De fato, grande parte do espantoso crescimento econômico que impulsiona a modernidade pode ser atribuída a uma abordagem mais sistemática dessa ideia fundamental. Os primeiros usos do termo podem ser rastreados na agricultura, onde seu significado é direto e óbvio. Para um agricultor, a produtividade de uma determinada parcela de terra pode ser medida pela quantidade de alimentos que produz. Essa relação entre produção e insumo fornece uma espécie de bússola, que permite aos agricultores navegarem pelas possíveis maneiras de cultivar suas plantações: sistemas que funcionam melhor produzirão mais por acre, mensuravelmente. O uso de uma métrica clara de produtividade para melhorar processos claramente definidos pode parecer óbvio, mas a introdução desse enfoque permitiu avanços explosivos em eficiência. No século XVII, por exemplo, foi exatamente esse tipo de experimentação baseada em métricas que levou à criação do sistema de plantio de quatro culturas de Norfolk, que eliminou a necessidade de deixar os campos em pousio. Isso, por sua vez, tornou muitos agricultores subitamente muito mais produtivos, ajudando a impulsionar a revolução agrícola britânica.

Com a propagação da Revolução Industrial para fora da Grã-Bretanha, no século XVIII, os primeiros capitalistas adaptaram ideias semelhantes de produtividade dos campos agrícolas para suas fábricas e indústrias. Assim como na produção de cultivos, a ideia-chave era medir a quantidade de produção obtida para uma determinada quantidade de insumo e, em seguida, experimentar com diferentes processos para melhorar esse valor. Agricultores se preocupam com alqueires por acre, enquanto donos de fábricas se preocupam com automóveis produzidos por hora de trabalho paga. Os agricultores podem melhorar sua métrica usando um sistema de rotação de culturas mais inteligente, enquanto os donos de fábricas podem fazer o mesmo transferindo a produção para uma linha de montagem contínua. Nestes exemplos, coisas diferentes estão sendo produzidas, mas a força que impulsiona mudanças nos métodos é a mesma: produtividade.

Havia, é claro, que ser considerado um custo humano para essa melhoria mensurável. Trabalhar em uma linha de montagem é repetitivo e entediante, e a pressão para que os indivíduos sejam mais eficientes em cada ação cria condições que resultam em lesões e exaustão. Mas a capacidade da produtividade de gerar um crescimento econômico espantoso nesses setores ignorou a maioria dessas preocupações. Linhas de montagem são entediantes para os trabalhadores, mas, em 1913, quando Henry Ford mudou o funcionamento de sua fábrica em Highland Park, Michigan, para esse método, as horas de trabalho necessárias para produzir um Modelo T caíram de 12,5 para cerca de 1,5 — uma melhoria impressionante. Até o final da década, metade dos carros nos Estados Unidos havia sido produzida pela Ford Motor Company. Essas recompensas eram poderosas demais para se resistir. A história do crescimento econômico no mundo ocidental moderno é, em muitos aspectos, uma história sobre o triunfo do pensamento acerca da produtividade.

Mas, então, o setor do conhecimento emergiu como uma força importante no meio do século XX, e essa dependência lucrativa de noções nítidas, quantitativas e formais de produtividade praticamente desapareceu. Havia, como se constatou, uma boa razão para esse abandono: as antigas noções de produtividade que funcionavam tão bem na agricultura e na manufatura não pareciam se aplicar a esse novo estilo de trabalho intelectual. Um dos problemas era a variabilidade do esforço. No início do século XX, quando o infame consultor de eficiência Frederick Winslow Taylor foi contratado para melhorar a produtividade na Bethlehem Steel, ele presumia que cada trabalhador da siderúrgica fosse responsável por uma única tarefa objetiva, como cavar escória de ferro. Isso permitiu que ele medisse precisamente sua produção por unidade de tempo e buscasse maneiras de melhorar essa métrica. Neste exemplo específico, Taylor acabou projetando uma pá melhor para os trabalhadores da fundição, equilibrando o desejo de mover mais ferro por pá enquanto também evitava a sobrecarga improdutiva (caso esteja se perguntando, ele determinou que a melhor carga para a pá era de 21 quilos).

No trabalho intelectual, ao contrário disso, as pessoas frequentemente lidam com cargas de trabalho complexas e em constante mudança. Você pode estar trabalhando em um relatório para o cliente ao mesmo tempo em que está coletando depoimentos para o site da empresa e organizando uma festa no escritório, enquanto atualiza uma declaração de conflito de interesse que o departamento de recursos humanos acabou de enviar por e-mail. Nesse contexto, não há um único parâmetro para rastrear. E mesmo que você consiga atravessar esse pântano de atividades para identificar o trabalho mais importante — lembre-se do exemplo de Davenport de quantificar as publicações acadêmicas de um professor — não há uma maneira fácil de controlar o impacto de obrigações não relacionadas na capacidade produtiva de cada indivíduo. Eu posso ter publicado mais artigos acadêmicos do que você no ano passado, mas isso pode ter acontecido, em parte, devido a um comitê importante que você presidiu e consumiu muito do seu tempo. Neste cenário, eu realmente sou um funcionário mais produtivo?

Uma abordagem ao estilo de Henry Ford, de melhorar sistemas em vez de indivíduos, também teve dificuldade em se estabelecer no contexto do trabalho intelectual. Os processos de fabricação são precisamente definidos. Ford poderia detalhar exatamente como os Modelos Ts eram produzidos em sua fábrica em cada estágio do desenvolvimento da linha de montagem. No setor do conhecimento, por outro lado, as decisões de organização e execução do trabalho são, em grande parte, deixadas para os indivíduos resolverem por conta própria. As empresas podem padronizar o software que seus funcionários usam, mas os sistemas para atribuir, gerenciar, organizar, colaborar e, finalmente, executar tarefas são geralmente decididos por cada indivíduo. "O trabalhador do conhecimento não pode ser supervisionado de perto ou detalhadamente", argumentou Peter Drucker em *O Executivo Eficaz*, seu influente livro publicado em 1967. "Ele pode ser ajudado, mas deve se direcionar sozinho."

As organizações de trabalho intelectual levaram essa recomendação a sério. Os sistemas cuidadosamente elaborados das fábricas foram substituídos pela "produtividade pessoal" dos escritórios, nos quais os indivíduos utilizam sua própria coleção improvisada e frequentemente mal definida de ferramentas e manejos para dar sentido aos seus empregos, sem que ninguém realmente saiba como os outros estão gerenciando seu trabalho. Em um ambiente tão desorganizado, não há um sistema para facilmente melhorar; não há um equivalente no meio do conhecimento para o aumento da produtividade em dez vezes como o atribuído à linha de montagem. O próprio Drucker já reconheceu as dificuldades de buscar produtividade em meio a tanta autonomia. "Eu acho que ele realmente acreditava que era difícil melhorar... deixamos os internados comandarem o hospício, deixamo-nos fazerem o trabalho do jeito que querem", disse Tom Davenport, lembrando conversas que teve com Drucker na década de 1990.

Essas realidades criaram um problema real para o setor emergente do conhecimento. Sem métricas de produtividade concretas e sem processos bem definidos para o aperfeiçoamento, as empresas não tinham clareza sobre como deveriam gerenciar seus funcionários. E à medida que o número de freelancers e pequenos empreendedores aumentou no setor, esses indivíduos, responsáveis apenas por si mesmos, não tinham certeza de como deveriam se gerenciar. Foi a partir dessa incerteza que surgiu uma simples alternativa: *usar a atividade visível como um indicador bruto da produtividade real.* Se você pode me ver no meu escritório — ou, se trabalhando de maneira remota, se pode ver minhas respostas de e-mail e as mensagens no chat chegando regularmente — então pelo menos você sabe que estou fazendo *algo*. Quanto mais atividade vê, mais pode presumir que estou contribuindo para o resultado da organização. Da mesma forma, quanto mais ocupado estou como freelancer ou empreendedor, mais posso ter certeza de que estou fazendo o máximo possível.

À medida que o século XX avançava, essa heurística da atividade visível se tornou a maneira dominante pela qual começamos a pensar sobre a produtividade no trabalho intelectual. É por isso que nos reunimos em escritórios, que usamos as mesmas 40 (ou 44) horas semanais de trabalho originalmente desenvolvidas para limitar a fadiga física do trabalho fabril, porque nos sentimos culpados quando ignoramos a caixa de entrada do e-mail, ou porque nos sentimos pressionados a nos voluntariarmos para algo ou "fazer de conta" que estamos sendo muito produtivos quando vemos que o chefe está por perto. Na ausência de medidas mais sofisticadas para medir eficácia, também tendemos a nos afastar de esforços mais profundos para tarefas que são mais superficiais e concretas, que podem ser mais facilmente marcadas numa lista de afazeres. Longas jornadas de trabalho que não geram evidências óbvias de esforço de maneira imediata se tornam uma fonte de ansiedade — é mais seguro ficar trocando vários e-mails e "entrar" em videoconferências do que abaixar a cabeça para se concentrar em criar uma nova e ousada estratégia. Em resposta à minha pesquisa feita com leitores, uma assistente social, que se identificou apenas como N, disse que sente a necessidade de "não fazer pausas, de correr e viver apressada o dia todo"; já um gerente de projeto chamado Doug explicou que fazer seu trabalho bem se reduzia a "produzir muitas coisas", quer importassem realmente ou não.

Essa mudança da medida de produtividade bruta para a heurística de uma substituta mais flexível é tão importante para nossa discussão que devemos atribuir um nome formal e uma definição a ela:

PSEUDOPRODUTIVIDADE

O uso da atividade visível como principal meio de se aproximar do esforço produtivo real.

Foi por causa da imprecisão dessa filosofia que meus leitores tiveram tantos problemas para chegar à definição de "produtividade". Não é um sistema formal que pode ser facilmente explicado; é mais como um estado de espírito — uma atmosfera genérica de atividade significativa mantida por meio de um movimento frenético. Suas falhas também são mais sutis. Para os primeiros trabalhadores do conhecimento, havia vantagens claras para a pseudoprodutividade quando comparada com os sistemas concretos que organizavam o trabalho industrial. Muitas pessoas prefeririam fingir estar ocupadas em um escritório com ar-condicionado do que carimbar chapas de metal o dia todo em um chão de fábrica quente. Como veremos a seguir, foi só nas últimas duas décadas que a abordagem de trabalho centrada na pseudoprodutividade desandou. Mas quando isso aconteceu, o dano foi significativo.

Por que Estamos Tão Exaustos?

A história inicial da CBS é uma demonstração clássica de pseudoprodutividade. Les Moonves precisava melhorar o desempenho da equipe, então ele foi óbvio: exigir que seus funcionários trabalhassem mais horas. Outro motivo pelo qual escolhi essa história específica, no entanto, foi seu *timing*. Na metade da década de 1990, quando Moonves enviou seu memorando cheio de frustração, a sustentabilidade da pseudoprodutividade como meio de organizar o trabalho do conhecimento havia começado a se degradar, silenciosa, mas rapidamente. E, aparentemente, aconteceria de uma vez.

A causa da deterioração durante essa década foi a chegada de computadores e internet no escritório. Em um ambiente onde a atividade fornece um indicador de produtividade, a introdução de ferramentas como o e-mail (e, posteriormente, o Slack) que tornam possível sinalizar visualmente sua ocupação com o mínimo esforço, levou inevitavelmente a uma dedicação crescente do dia médio do trabalhador do conhecimento a se falar *sobre* o trabalho, tão rápida e freneticamente quanto possível, através de mensagens eletrônicas incessantes (uma análise particularmente condenatória, conduzida pela empresa de software RescueTime, e baseada em dados de registro de mais de 10 mil trabalhadores do conhecimento, revelou que os sujeitos estudados verificavam seus e-mails a cada 6 minutos, em média). A subsequente chegada da computação e da comunicação portátil, na forma de laptops e smartphones, piorou ainda mais essa tendência, pois a demanda para demonstrar esforço agora poderia se estender além do expediente de trabalho, seguindo-nos até nossas casas à noite ou no final de semana, ou enquanto se está no jogo de futebol com os filhos, por exemplo. Computares e internet abriram muitas possibilidades, mas quando combinados com a pseudoprodutividade, eles acabam potencializando o sentimento de sobrecarga e distração, levando-nos à crise de esgotamento que nos aflige hoje em dia.

É importante enfatizar a magnitude desses problemas atuais. Um estudo recente conduzido por McKinsey e Lean In, por exemplo, que entrevistou mais de 65 mil funcionários da América do Norte, principalmente do setor do conhecimento, encontrou um aumento significativo naqueles que dizem se sentir esgotados "com frequência" ou "quase sempre". Uma segunda pesquisa da Gallup mostrou que os trabalhadores americanos estão entre os mais estressados do mundo. Jim Harter, cientista-chefe do ambiente de trabalho da Gallup, observou que essas medidas de estresse aumentaram junto com métricas que mostram uma crescente nos esforços dos funcionários. "É preciso trabalhar na interseção entre trabalho e vida", disse.

Mas não precisamos de dados para nos ensinar o que muitos já encontraram em suas próprias vidas. As respostas da minha pesquisa com os leitores, por exemplo, estavam repletas de relatos pessoais de sobrecarga causada pela nova tecnologia no escritório. Um analista de planejamento estratégico chamado Steve forneceu um bom resumo dessa experiência:

> Parece que os benefícios da tecnologia criaram a capacidade de enfiar mais coisas em nosso dia e nas nossas agendas do que somos capazes de lidar para manter um bom nível de qualidade e propósito... Eu acho que é aí que o esgotamento realmente bate — quando você quer se importar com algo, mas é impedido de fazer isso ou fazer corretamente, com a paixão, atenção total e a criatividade que deseja, porque esperam que você faça muitas outras coisas.

Uma professora chamada Sara observou uma invasão semelhante dessa hiperatividade no mundo acadêmico, descrevendo uma avalanche de "muitos e-mails, indo e vindo, mensagens no Slack, reuniões de última hora no Zoom etc., que me impedem (e sinto que a todos, em geral) de realmente ter tempo para fazer um trabalho profundo, de pensar e escrever com alta qualidade". Uma assistente virtual chamada Myra forneceu uma perspectiva única ao resumir o que notava sobre os diversos trabalhadores do conhecimento que atendia. "Meus clientes estão muito ocupados, mas muitas vezes estão tão sobrecarregados com tudo o que querem ou precisam fazer que fica difícil reconhecer quais são as prioridades deles", ela me disse. "Então eles apenas tentam trabalhar em muitas coisas ao mesmo tempo e esperam progredir assim."

Pode haver um sentimento de desesperança embutido nesses relatos. Métricas de produtividade concretas do tipo que moldaram o setor industrial nunca se encaixarão adequadamente no ambiente de trabalho do conhecimento, que é mais amorfo. (Nem deveríamos *querer* que se encaixassem, já que essa abordagem quantitativa ao trabalho traz consigo crueldades desumanas.) Na ausência dessa clareza, no entanto, a pseudoprodutividade pode parecer a única opção viável. E quando essa opção é combinada com ferramentas de comunicação acessíveis e computadores portáteis, o resultado é o ciclo de atividade em constante amplificação que nos impulsiona, como Myra descreveu tão adequadamente, para simplesmente trabalhar demais — colocando o esforço profissional em todos os cantos de nossas vidas, e esperando que, de alguma forma, essa ação incessante se some a algo significativo. Antes de nos entregarmos totalmente a essa realidade sombria, no entanto, vale a pena reavaliar a suposta inevitabilidade da pseudoprodutividade. Se voltarmos uma última vez à história da CBS e olharmos além do simples arco dos heroísmos gerenciais de Les Moonves, veremos que surgem indícios de uma maneira mais sutil de se pensar sobre como fazer as coisas no trabalho do conhecimento.

É Possível Encontrar uma Abordagem Melhor?

A conclusão animadora da história da CBS é que, mesmo em dificuldades, a rede acabou revertendo sua sorte, passando do último lugar para o primeiro nas classificações, onde permaneceu por muitos anos. Mas o que explica essa reviravolta? Uma análise mais detalhada revela que a exigência de Les Moonves para que seus funcionários trabalhassem mais horas provavelmente teve muito pouco a ver com isso. Uma explicação mais convincente pode ser encontrada nos esforços erráticos de um condutor de bonde de Las Vegas chamado Anthony Zuiker. Em 1996, Zuiker, aos 26 anos, recebia oito dólares por hora para fazer o translado de turistas entre os hotéis Mirage e Treasure Island, e estava desesperado. Ele sempre se destacou, entre sua família e amigos, como alguém com um talento natural para escrever textos chamativos. Mas estava perdido, sem saber como utilizar essa habilidade. "Nas piores fases de Zuiker," relata Bill Carter em *Desperate Networks*, "ele se viu perguntando a Deus por que Ele havia lhe dado talentos que nunca poderia usar".

A mudança no destino de Zuiker começou com um monólogo original que ele escreveu para um amigo que é ator usar em suas audições. Um agente de Hollywood que ouviu o monólogo procurou Zuiker e perguntou se ele queria tentar escrever um roteiro. Zuiker comprou um livro de Syd Field sobre roteiro e elaborou um roteiro ficcional chamado *The Runner,* que contava a história de um viciado em jogos de azar que passa a trabalhar para um mafioso. O roteiro foi vendido por uma quantia modesta, mas foi o suficiente para colocar Zuiker no radar de uma nova divisão da empresa de produção do diretor Jerry Bruckheimer, que estava buscando se envolver mais na televisão. Eles convidaram Zuiker para apresentar suas ideias. Inspirado por um programa de reality show do Discovery Channel de que ele gostava, *The New Detectives: Case Studies in Forensic Science*, Zuiker desenvolveu uma premissa para um programa policial de tribunal, semelhante a *Law & Order*, em que ferramentas de alta tecnologia seriam usadas para desvendar crimes.

A empresa de Bruckheimer ficou interessada e pediu um roteiro para o episódio piloto. Então Zuiker começou a passar tempo com o departamento de polícia de Las Vegas para fazer pesquisas para o trabalho. Nisso, a equipe de investigação de crimes pediu a ele para procurar pistas no tapete de um quarto. Quando Zuiker se abaixou, viu os olhos injetados de droga da suspeita, que estava escondida debaixo da cama. Ela tentou arranhar Zuiker antes que os policiais no local a detivessem. “Ah, isso com certeza vai entrar no programa”, brincou Zuiker. Enfim, estava pronto para apresentar sua ideia. “Zuiker apresentou seu *pitch* mágico para um grupo de executivos da ABC saltando pela sala, escalando os móveis e dando vida aos seus personagens”, escreve Carter. Mesmo com toda essa energia, a ABC recusou o projeto.

Acreditando totalmente em sua ideia, Zuiker reagiu a esse fracasso abrindo sua própria produtora, a Dare to Pass, com o objetivo único de dar vida ao seu programa de investigação criminal. Depois de atrair o interesse de uma executiva da CBS chamada Nina Tassler, Zuiker passou por mais três reescritas do roteiro piloto na esperança de aproximá-lo de algo que pudesse ser transmitido. Tassler levou esse roteiro melhorado para Moonves, que não conseguiu entender completamente e adiou o projeto. Zuiker e Tassler continuaram trabalhando. Eles conseguiram envolver um diretor de televisão bem conhecido chamado Billy Peterson, que escreveu uma carta para Moonves defendendo apaixonadamente a criação de Zuiker. Moonves leu a carta e finalmente se convenceu: a CBS financiaria um episódio piloto.

Mesmo assim, o projeto enfrentou dificuldades. O piloto levou muito tempo para ser concluído, quando foi pré-visualizado pelos executivos da CBS durante o almoço, ficou claro que ainda não estava bom. Moonves, em particular, sentia que a história estava difícil de acompanhar. "Vocês precisam se aprofundar e reescrever isso", ele disse. A equipe correu para editar o episódio mais uma vez. O tempo era curto: para o programa ir ao ar no outono, tinha que estar pronto para ser apresentado aos anunciantes em um evento de *upfront* marcado para poucos meses depois. A decisão final sobre o programa foi tomada no último minuto, em uma reunião de programação realizada logo antes do prazo final para a CBS anunciar sua programação de outono. No fim, Moonves teve que escolher entre o programa de Zuiker e um programa de comédia de Tony Danza chamado *Homewood P.I.* para as noites de sexta-feira — o último horário disponível. Ele seguiu sua intuição e escolheu Zuiker. Essa decisão provou ser importante. O projeto de Zuiker, que foi nomeado *CSI*, tornou-se um sucesso imediato quando foi ao ar pela primeira vez, meses depois, no outono de 2000. Se combinado com o outro sucesso de destaque da CBS daquela temporada, *Survivor*, a audiência foi suficiente para colocar a CBS em primeiro lugar no ranking.

Os detalhes da reviravolta da CBS fornecem um contraste útil entre as concepções diferentes sobre produtividade. Moonves tentou salvar sua rede pressionando seus funcionários a trabalharem mais. No entanto, o que acabou importando foi o esforço obsessivo de um talento criativo excêntrico que passou mais de três anos nutrindo uma visão e retornando a ela repetidamente na tentativa de criar algo especial.* Os esforços de Anthony Zuiker foram muito mais variados em seu tipo e intensidade do que o que Moonves estava exigindo de seus funcionários. Zuiker não aparecia no escritório todos os dias nem fazia questão de marcar presença em reuniões intermináveis. Houve longos períodos durante o desenvolvimento de *CSI* em que a atividade visível de Zuiker teria sido mínima, equilibrada por outros períodos mais intensos. Mas quando você amplia a visão para anos, sua produtividade é inconfundível — quem se importa, por exemplo, se ele descansou por um mês em 1999, quando acabou salvando a rede em 2000?

Assim como John McPhee, em sua mesa de piquenique, procurando insights para seu artigo, os esforços de Zuiker apontam para uma definição de trabalho significativo e valioso que não exige uma agitação frenética. Sua magia, ao invés disso, torna-se aparente no longo prazo, emanando de um ritmo que parece, em comparação com as demandas implacáveis da pseudoprodutividade de alta tecnologia, ser, por falta de uma palavra melhor, quase *lento*.

---

* É importante notar, é claro, que o resultado dos esforços criativos de Zuiker também exigiu o apoio ousado da executiva da CBS, Nina Tassler. A contribuição significativa de Tassler não teve a ver com trabalhar até tarde ou se ocupar demais. Em vez disso, foi muito mais usar seus instintos criativos e sua longa experiência. São esses os tipos de ações que, no final das contas, fazem a diferença no sucesso estrondoso, não demonstrações dramáticas de ética de trabalho.

2 UMA ALTERNATIVA MAIS LENTA

Em 1986, o McDonald's anunciou um plano para abrir um restaurante novo enorme, para até 450 pessoas, na Piazza di Spagna, em Roma, perto das Escadarias da Praça da Espanha, um ponto turístico bastante procurado. Muitos italianos não aprovaram essa ideia. Membros do conselho municipal tentaram impedir a abertura, enquanto o estilista Valentino, que mantinha um estúdio na área, argumentava que o cheiro de hambúrgueres estragaria suas roupas de grife. "O que mais nos perturba é a americanização da nossa vida", lamentou o diretor de cinema Luciano De Crescenzo. O prefeito montou uma equipe especial de coleta de lixo para caçar os invólucros de hambúrguer perdidos que ele presumiu que logo encheriam as ruas.

Foi em meio a essa agitação que um ativista e jornalista consolidado chamado Carlo Petrini fundou um movimento chamado *Slow Food,* junto com um manifesto que definia seus objetivos:

> Contra aqueles — ou, melhor dizendo, contra a grande maioria — que confundem eficiência com frenesi, propomos que desfrutemos dos prazeres culinários devagar e com satisfação, como uma forma de contrapor a mentalidade de consumo frenético.
>
> Apropriadamente, começaremos na cozinha, com o Slow Food. Para fugir da monotonia do "fast-food", vamos redescobrir as ricas variedades de sabores e aromas das culinárias locais.

Em toda a Itália, novas bases do Slow Food passaram a surgir, em diversos locais. O grupo promovia refeições vagarosas, consumidas em comunidade, feitas com ingredientes locais e sazonais. Com o tempo, eles assumiram objetivos relacionados, como a introdução de currículos alimentares regionais nas escolas primárias e esforços para preservar os alimentos tradicionais, como o delicioso damasco vesuviano, nativo da região da Campânia, no sul da Itália. Em 1996, o movimento organizou o primeiro *Salone del Gusto*, em Turim, para apoiar a culinária e o artesanato local. Realizado bianualmente, o evento agora atrai mais de 200 mil visitantes e conta com mais de 1.500 barracas. Hoje, o Slow Food está presente em 160 países.

À primeira vista, o Slow Food pode parecer um movimento de nicho — um encontro nostálgico de apaixonados por comida para vivenciar as possibilidades culinárias dos damascos italianos. Até recentemente, era assim que eu teria interpretado. No entanto, ao começar a lidar com as questões relacionadas ao trabalho intelectual e à pseudoprodutividade, a proposta de Carlo Petrini pela deliberatividade à mesa entrou na minha mente de maneira surpreendentemente significativa.

A Revolução da Lentidão

Eu entrei no mundo do Slow Food inicialmente por causa da minha atração pela palavra "slow", ou "lento", que parecia capturar tudo o que a pseudoprodutividade não era. Eu conhecia o básico da história do movimento — McDonald's, Roma, restaurantes enormes — e pensei que poderia fornecer uma analogia útil ao falar sobre alternativas ao ritmo acelerado do trabalho. No entanto, ao ler mais sobre Petrini, descobri que o Slow Food é mais do que apenas refeições, é uma instância de duas ideias profundas e inovadoras que podem ser aplicadas a muitas iniciativas diferentes de se construir um movimento de reforma em resposta aos excessos da modernidade.

A primeira dessas ideias é o poder de oferecer alternativas atraentes. Como Michael Pollan resume em um perspicaz artigo de 2003 sobre o Slow Food, até a década de 1980, Carlo Petrini havia ficado "consternado com a melancolia de seus camaradas da esquerda". Há uma satisfação pessoal em apontar sombriamente as falhas de um sistema, mas Petrini chegou a acreditar que a mudança sustentável requer oferecer às pessoas uma alternativa agradável e afirmativa da vida. Petrini não escreveu apenas um artigo de opinião incisivo sobre as forças corruptivas do McDonald's, ele promoveu uma nova e atraente relação com a comida, que tornaria a comida rápida evidentemente vulgar. "Aqueles que sofrem pelos outros causam mais danos à humanidade do que aqueles que se divertem", disse Petrini.

A segunda ideia entrelaçada ao Slow Food é o poder de recorrer às inovações culturais testadas pelo tempo. Existe uma tentação no ativismo de ideias radicalmente *novas*, pois isso preserva a possibilidade utópica de uma solução perfeita e intocada. Petrini reconheceu, no entanto, que, ao apresentar uma alternativa atraente à comida rápida, seria prudente recorrer às culturas alimentares *tradicionais* que se desenvolveram por meio de tentativa e erro ao longo de muitas gerações. O Slow Food não apenas apoia refeições mais demoradas, mas promove um estilo de refeição comunitária que foi comum nas comunidades italianas por séculos. Não apenas apoia ingredientes mais frescos, mas recomenda pratos que sua tataravó poderia ter servido. Petrini acreditava que tradições que sobreviveram ao processo de evolução cultural têm mais probabilidade de serem adotadas.

Em seu artigo de 2003, Pollan admite que inicialmente estava cético em relação a esse aspecto nostálgico do movimento, escrevendo no início de seu ensaio: "Eu imaginava que os Slow Foodies eram preciosistas antiquados, com tanto a contribuir para o debate sobre o sistema alimentar quanto um colóquio de apreciadores de chicotes de cocheiros teria para acrescentar ao debate sobre SUVs". Conforme ele aprendia mais sobre o ativismo inovador de Petrini, no entanto, sua atitude mudou. O Slow Food não estava olhando para o passado como forma de escapar do presente, mas sim a fim de encontrar ideias para ajudar a remodelar o futuro. Pollan continua a recuar de seu ceticismo inicial e admite que o movimento tinha "uma contribuição séria a fazer para o debate sobre ambientalismo e globalismo".

Uma vez isoladas, as duas grandes ideias de Petrini para desenvolver movimentos de reforma — focar alternativas ao que está errado e buscar essas soluções em tradições testadas pelo tempo — não estão fundamentalmente restritas à comida, obviamente. Elas podem se aplicar a qualquer contexto em que um modernismo desordenado esteja em conflito com a experiência humana. Essa afirmação é validada pelos muitos novos movimentos "slow" que surgiram depois do sucesso original do Slow Food, visando a outros aspectos de nossa cultura que sofriam com uma pressa desconsiderada.

Como o jornalista Carl Honoré documenta em seu livro de 2004, *Devagar: Como um movimento mundial está desafiando o culto da velocidade*, esses movimentos de segunda onda incluem as Slow Cities, ou Cidades Lentas, que também começaram na Itália (onde são chamadas de Cittaslow), e se concentram em tornar as cidades mais pensadas para os pedestres, apoiando os negócios locais e, em sentido geral, mais amigáveis. Também incluem a Slow Medicine, ou Medicina Lenta, que promove o cuidado holístico das pessoas em oposição ao foco apenas na doença, e a Slow Schooling, ou Educação Lenta, que tenta libertar os alunos do ensino fundamental das pressões das avaliações e da competitividade. Mais recentemente, o movimento da Slow Media, ou Mídia Lenta, surgiu para promover alternativas mais sustentáveis e de maior qualidade ao sensacionalismo digital, e o termo Slow Cinema, ou Cinema Lento, é cada vez mais usado para descrever filmes realistas, em sua maioria não narrativos, que recompensam a atenção prolongada com uma compreensão mais profunda da condição humana. "Inicialmente, o movimento da lentidão foi visto como uma ideia para as pessoas que gostavam de comer e beber bem", explicou o prefeito da cidade natal de Petrini, Bra. "Mas agora se tornou uma discussão cultural muito mais ampla sobre os benefícios de fazer as coisas de maneira mais humana e menos frenética."

Slow Food. Slow Cities. Slow Medicine. Slow Schooling. Slow Media. Slow Cinema. Todos os movimentos foram construídos com base na estratégia radical, mas eficaz, de oferecer às pessoas uma alternativa mais lenta e sustentável à agitação moderna, que se baseia na sabedoria testada pelo tempo. Conforme aprendi mais sobre essas ideias em minha cobertura sobre o trabalho intelectual, um pensamento natural surgiu: talvez, quando se trata de combater a desumanidade do nosso momento atual de sobrecarga profissional, o que realmente precisamos — mais do que desdém ou novas políticas ousadas — seja, na base, uma concepção mais lenta do que significa ser de fato produtivo.

Em Busca de uma Alternativa Melhor

Um dos desenvolvimentos intrigantes do período imediato ao pós-pandemia é a oportunidade de grandes reformulações de como o trabalho intelectual opera. No outono de 2020, a mudança disruptiva para reuniões virtuais e sistema home office tirou o setor de sua complacência habitual. À medida que a distração com a emergência de saúde pública se dissipava, não foram poucos os antigos funcionários frequentadores de cubículos que ficaram se perguntando quais outras mudanças importantes poderiam ser possíveis.

Vemos essa nova atitude refletida nas discussões que surgiram entre funcionários e diretores sobre os planos para o retorno aos escritórios. Na primavera de 2022, quando o CEO da Apple, Tim Cook, anunciou que os funcionários seriam obrigados a trabalhar presencialmente pelo menos alguns dias por semana na sede da empresa em Cupertino, o protesto em resposta foi rápido e intenso. "Pare de nos tratar como alunos, como se precisasse nos dizer quando e onde devemos estar, e qual lição de casa fazer", exigiu uma carta aberta endereçada a Cook por um grupo de funcionários chamado AppleTogether. Nos meses que se seguiram, Cook adiou repetidamente o plano de retorno ao escritório em resposta a essa resistência. Um ano após o anúncio original de Cook, enquanto escrevo este capítulo, a batalha continua, e agora Cook ameaça abertamente punir os funcionários que ainda se recusam a retornar. Em um artigo para a *New Yorker* sobre essa discussão, escrevi, "os funcionários frustrados da Apple não estão apenas discutindo sobre seu deslocamento, eles estão na vanguarda de um movimento que está aproveitando as interrupções da pandemia para questionar muitas outras das suposições arbitrárias que definiram o ambiente de trabalho moderno".

Esse novo foco em grandes transformações também é refletido no crescente interesse na semana de trabalho de quatro dias. Em fevereiro de 2023, o Reino Unido divulgou os resultados de um estudo piloto em grande escala que acompanhou mais de sessenta empresas que experimentaram uma carga horária reduzida. Conforme relatado pela BBC, os resultados foram "esmagadoramente positivos", com mais de 90% das empresas participantes afirmando que continuariam com a configuração experimental, pelo menos por enquanto. Aqui nos Estados Unidos, o congressista da Califórnia Mark Takano propôs uma lei que reduziria oficialmente a semana de trabalho padrão, conforme estabelecido pela *The Fair Labor Standards Act*, de 40 para 32 horas. Embora seu projeto de lei não tenha ganhado engajamento, empresas como Lowe's e Kickstarter já estão experimentando essa carga horária reduzida por conta própria.

Esse repentino interesse em fazer essas experimentações no local de trabalho não é só bem-vindo, mas necessário, pois muito do modo como trabalhamos no setor do conhecimento hoje está fossilizado em tradições e convenções, algumas das quais são arbitrárias e outras são emprestadas de tipos de trabalho diferentes e mais antigos. As propostas que estão causando impacto no momento, no entanto, de alguma forma parecem insuficientes por si só. As iniciativas para manter o teletrabalho ou reduzir a carga horária semanal ajudam a mitigar alguns dos piores efeitos colaterais da pseudoprodutividade, mas pouco fazem para resolver o problema central. No mundo do trabalho, essas ideias são equivalentes a responder ao crescimento da cultura do fast-food exigindo que o McDonald's torne suas refeições um pouco mais nutritivas — isso ajudaria a controlar alguns dos impactos na saúde, mas não desafiaria de fato a cultura da alimentação apressada e inconsciente.

Como Carlo Petrini nos ensinou, uma resposta mais sustentável à crise de esgotamento enfrentada pelo trabalho intelectual seria oferecer uma alternativa atraente. Isso exigiria ir além das tentativas de simplesmente conter a pseudoprodutividade, e propor uma nova visão do que a produtividade pode significar. O desafio, claro, é descobrir os detalhes dessa alternativa. Aqui é onde o segundo grande insight de Petrini se torna relevante: recorrer a ideias testadas pelo tempo. Se informalmente pensamos no trabalho intelectual como pessoas sentadas em escritórios digitando em computadores, podemos nos cansar procurando relevância na sabedoria tradicional em se tratando de uma atividade decididamente moderna. Para progredir com a concepção lenta de Petrini, vamos considerar uma formulação mais expansiva a seguir:

TRABALHO INTELECTUAL (DEFINIÇÃO GERAL)

Atividade econômica na qual o conhecimento é transformado em um artefato com valor de mercado por meio da aplicação de esforço cognitivo.

Essa definição ainda engloba funcionários de escritórios comuns, como programadores, profissionais de marketing, contadores, executivos etc. Mas também abrange muitas outras profissões cognitivas que existem há mais tempo do que a Era dos Cubículos. Com essa definição, por exemplo, escritores são trabalhadores intelectuais, assim como filósofos, cientistas, músicos, dramaturgos e artistas. Essas profissões cognitivas mais tradicionais, é claro, muitas vezes são mais refinadas do que os empregos de escritório comuns — músicos profissionais ou cientistas renascentistas apoiados por patronos têm muito mais flexibilidade e opções para projetar sua vida profissional do que, digamos, um coordenador de RH. É fácil, portanto, rejeitar esses estudos de caso com um aceno de cabeça de desdém para o privilégio. (Já consigo ver o tweet: "Deve ter sido bom ter Lorenzo de Médici pagando suas contas!") Embora satisfatória, esta não é uma resposta útil, dadas as nossas metas mais amplas. São exatamente essas liberdades raras que tornam os trabalhadores do conhecimento tradicionais interessantes para o nosso projeto, pois lhes proporcionaram o espaço e o tempo necessários para experimentar e descobrir o que funciona melhor quando se trata de criar coisas valiosas de forma sustentável usando o cérebro humano. *Claro*, a maioria de nós não pode replicar diretamente os detalhes específicos do dia de trabalho de John McPhee, por exemplo. No entanto, o que estamos procurando não é um plano a seguir, mas ideias gerais que possamos extrair desse território exótico e aplicar às limitações mais pragmáticas dos empregos padrão do setor de conhecimento do século XXI. Talvez eu não possa passar duas semanas inteiras deitado em uma mesa de piquenique no meu quintal, mas há uma ideia-chave escondida nessa história sobre o valor de desacelerar para se preparar para enfrentar um projeto difícil. Se conseguirmos superar a frustração de que esses trabalhadores do conhecimento tradicionais desfrutavam de privilégios aos quais não temos acesso, podemos encontrar em sua experiência as bases para uma concepção de produtividade que torna nossos trabalhos mais difíceis, mais gerenciáveis.

Se você começar a procurar esses hábitos de lentidão profissional ao estilo de McPhee entre os trabalhadores do conhecimento tradicionais, é fácil encontrar uma variedade de exemplos. Considere Isaac Newton trabalhando nos detalhes do cálculo no interior ao norte da Universidade de Cambridge, ou uma escultora chamada Anna Rubincam, que documentou em um vídeo, lindamente editado e publicado online, como ela exerce seu ofício em um estúdio no sul de Londres, com as portas abertas para um tranquilo pátio arborizado. (A leitora que me enviou este clipe intitulou sua mensagem "Epítome do trabalho duro". Eu concordei.) Algo especialmente divertido e cativante é descobrir os espaços excêntricos onde famosos romancistas se escondiam para escrever. Como vou elaborar mais tarde, Peter Benchley, autor de *Tubarão*, compôs seu thriller clássico nos fundos de uma loja de conserto de fornalhas, e Maya Angelou gostava de rabiscar em blocos de papel enquanto se apoiava nos cotovelos sobre a cama de um hotel qualquer.

No início de 2022, eu finalmente estava pronto para reunir todos os meus pensamentos sobre como aplicar a estrutura do movimento lento de Carlo Petrini aos problemas gerados pela pseudoprodutividade. Foi em um artigo que publiquei por volta dessa época que dei um nome à minha filosofia emergente — um título natural, dadas as fontes da minha inspiração, que tenho usado desde então: *produtividade lenta.*

Uma Nova Filosofia

A segunda parte deste livro é dedicada a elaborar uma filosofia de produtividade lenta — uma estrutura alternativa que os trabalhadores do conhecimento podem usar para organizar e executar tarefas, evitando a pressa e as cargas de trabalho que só aumentam devido à pseudoprodutividade. Meu objetivo é oferecer uma maneira mais humana e sustentável de integrar esforços profissionais em uma vida bem vivida. Abraçar a produtividade lenta, em outras palavras, é reorientar seu trabalho para ser uma fonte de significado em vez de sobrecarga, mantendo ainda a capacidade de produzir resultados valiosos.

Para entender melhor o que isso implica, vamos retornar à definição formal apresentada pela primeira vez na introdução:

PRODUTIVIDADE LENTA

Uma filosofia para organizar os esforços de trabalho com conhecimento de maneira sustentável e significativa, baseada em três princípios:

1. Faça menos coisas.
2. Trabalhe em um ritmo natural.
3. Preocupe-se com a qualidade.

No cerne dessa filosofia estão três princípios. Consequentemente, a parte 2 deste livro é dividida em três capítulos longos, um para cada uma dessas ideias. Começo esses capítulos explicando a recomendação correspondente, fornecendo justificativa do porquê é crucial alcançar uma vida profissional mais sustentável. Essas justificativas são seguidas de uma série de *proposições* que detalham ideias específicas para implementar o princípio dentro das realidades complicadas de um emprego comum de trabalho intelectual. É aqui que você encontrará conselhos concretos e estratégias que pode adaptar conforme necessário à sua circunstância profissional específica. Cada capítulo também inclui um *interlúdio*, que oferece comentários e críticas reflexivas sobre as ideias em desenvolvimento. Incluí estas seções para enfatizar a realidade de que essas ideias são novas e complicadas, e nem todos as receberão da mesma maneira. Minha esperança é que você traga suas próprias experiências para essas proposições, permitindo que cultive sua coleção única de insights e conclusões em resposta.

Fiel à visão de Carlo Petrini, a parte 2 é rica em histórias e exemplos retirados das vidas de trabalhadores do conhecimento tradicionais em uma variedade de campos e períodos diferentes. Você vai aprender, por exemplo, sobre Jane Austen, Ben Franklin e Galileu, além de figuras um pouco mais modernas como Georgia O'Keeffe, Lin-Manuel Miranda e Mary Oliver. Usarei essas histórias como fonte das ideias que então polirei em conselhos mais pragmáticos, adaptados às realidades dos empregos modernos. Mas vale ressaltar que a mentalidade geral e o clima transmitido nessas histórias também têm um valor independente. Seguindo o exemplo de Petrini, estou convencido de que uma das melhores maneiras de verdadeiramente apresentá-lo à "arte esquecida de produzir sem se esgotar" é imergi-lo no mundo daqueles que construíram com sucesso suas vidas em torno desse objetivo.

No entanto, antes de entrar em detalhes, quero tranquilizá-lo de que a produtividade lenta não exige que você extinga sua ambição. Os seres humanos obtêm grande satisfação em serem bons no que fazem e em produzir coisas úteis. Esta filosofia pode ser entendida como um caminho mais sustentável para essas conquistas. Poucas pessoas sabem, por exemplo, quanto tempo Isaac Newton realmente levou para desenvolver todas as ideias contidas em sua obra-prima, o *Principia* (mais de vinte anos). As pessoas apenas sabem que seu livro, uma vez publicado, mudou a ciência para sempre. O valor de suas ideias perdura, enquanto o ritmo lento com que foram produzidas logo foi esquecido. A produtividade lenta apoia conquistas de construção de legado, mas permite que elas se desdobrem em uma velocidade mais humana.

Embora este livro trate da produtividade no trabalho intelectual de forma geral, ele se destina especialmente a qualquer pessoa que tenha um grau razoável de autonomia no trabalho. Isso inclui, obviamente, freelancers, empreendedores individuais e aqueles que administram pequenas empresas. A presença da pseudoprodutividade nesses ambientes específicos não se deve às demandas de um chefe, mas é em grande parte autoimposta, o que abre vasto potencial para experimentação individual. No entanto, meu público imaginado também inclui aqueles que podem trabalhar para empregadores maiores, mas ainda desfrutam de uma liberdade significativa na forma como conduzem seu trabalho. Como professor, por exemplo, eu me enquadro nessa última definição, assim como um designer de produtos do qual se espera que desapareça efetivamente até estar pronto para trazer uma nova ideia à equipe, ou um trabalhador remoto cuja produção é acompanhada apenas de maneira ampla.

Aqueles que trabalham em um ambiente empresarial sob supervisão próxima podem ter mais dificuldade em instituir completamente as estratégias que sugiro. O mesmo acontece com aqueles cujos esforços são altamente estruturados, como um médico plantonista, ou um advogado recém-formado que recebe apenas por hora de trabalho. Isso não quer dizer que a produtividade lenta não possa um dia reformar esses aspectos do trabalho intelectual também (veja, na conclusão deste livro, a discussão sobre minha visão mais ampla para o futuro desse movimento). Mas toda revolução precisa de um ponto de partida, e para algo tão importante quanto repensar a própria noção de produtividade, faz sentido focar inicialmente aqueles para quem a autoexperimentação é possível. Com esses objetivos e ressalvas em mente, prossigamos...

Parte 2

PRINCÍPIOS

3 FAÇA MENOS COISAS

O Primeiro Princípio da Produtividade Lenta

No final de outubro de 1811, um anúncio em um jornal de Londres divulgava "um novo romance escrito por uma mulher". O nome da autora não foi revelado, mas em uma nota publicada no mês seguinte, ela foi identificada como "Lady A". O livro era *Razão e Sensibilidade,* e a autora, é claro, era Jane Austen, em sua estreia como escritora. Austen havia passado mais de um década trabalhando em uma coleção de manuscritos e, aparentemente de uma só vez, estava lapidando-os para publicar suas obras finais. *Razão e Sensibilidade* foi o início de uma aclamada sequência de publicações ao longo de cinco anos, possivelmente sem igual na história da literatura moderna, em que ela lançou em seguida *Orgulho e Preconceito, Mansfield Park,* e enfim, *Emma,* em 1815. Dois anos depois, Austen faleceu, com apenas 41 anos.

Uma explicação popular para a produtividade de Austen é que ela dominou a arte de escrever secretamente, rabiscando prosas em meio às muitas obrigações distrativas de sua posição social. A origem dessa ideia foi seu sobrinho James, que, em 1869, mais de cinquenta anos após a morte de Austen, publicou uma biografia vitoriana nebulosa de sua tia, que ajudou a expor suas obras a um público mais amplo. No capítulo 6 deste memorando, James fornece a seguinte descrição:

> Como ela conseguiu realizar tudo isso é surpreendente, pois não tinha um escritório separado para se retirar, e a maior parte do trabalho deve ter sido feita na sala de estar comum, sujeita a todos os tipos de interrupções casuais. Ela tomava cuidado para que não houvesse suspeita dos empregados, visitantes ou qualquer pessoa além de sua própria família sobre sua ocupação. Escrevia em pequenas folhas de papel que podiam ser facilmente guardadas ou cobertas. Havia, entre a porta da frente e os escritórios, uma porta de vaivém que rangia quando era aberta; ela se opunha a que dessem um jeito nesse pequeno incômodo, porque aquilo a avisava sobre a chegada de alguém.

Essa história de uma dama ambiciosa, mas frustrada, que exercia sua arte clandestinamente poderia ter saído diretamente de um dos romances de Austen. Não surpreendentemente, esse mito permaneceu. É recontado em relatos modernos, como no encantador livro publicado em 2013 por Mason Currey, *Os Segredos dos Grandes Artistas*, assim como em tentativas mais antigas de entender o mundo de Austen. "No entanto, Jane Austen ficava contente com o ranger de uma dobradiça, para que pudesse esconder seu manuscrito antes que alguém entrasse", repete Virginia Woolf, em 1929, em seu ensaio *Um Teto Todo Seu*.

Essa história pode servir a múltiplos propósitos. Woolf, por exemplo, usa-a como parte de um argumento sobre papéis de gênero e autonomia intelectual. Relatos menos sofisticados a consagram por não desistir de seus sonhos. Mas, quando focamos o tema da produtividade, a representação de James sobre sua tia se torna subitamente inquietante. Parece endossar um modelo de produção em que melhores resultados exigem que você esprema ainda mais trabalho em sua agenda. O obstáculo entre você e sua própria *Razão e Sensibilidade* é a disposição de fazer mais. Se Austen usava pequenos intervalos entre intermináveis visitas sociais para escrever em pedaços de papel na sala de estar, então por que você não pode acordar às 5 horas da manhã ou aproveitar melhor seu intervalo para o almoço?

Uma análise mais detalhada da vida de Austen, no entanto, logo revela problemas com os contos de seu sobrinho sobre sua escrita secreta. Biografias modernas, que se baseiam mais extensivamente em materiais de origem primária, revelam que Jane Austen, na verdade, não era um exemplo de alguém que produz de maneira frenética, mas, sim, um estudo de caso poderoso bastante diferente: uma abordagem mais lenta sobre a produtividade.

Jane Austen cresceu na Inglaterra, no final do século XVIII, numa espécie de sítio da vila rural de Steventon, onde havia vacas para ordenhar e aves para cuidar. Sua família assava pão e produzia sua própria cerveja. No verão, as crianças recebiam ancinhos de feno e cozinhavam geleias e compotas. No outono, ajudavam na colheita. Enquanto Austen ainda era uma garota, seu pai, o reitor de sua paróquia, transformou o presbitério em que viviam numa escola improvisada para meninos, acrescentando as demandas de cuidado e alimentação de meia dúzia de meninos agitados à lista de tarefas diárias.

Isso não quer dizer que a família Austen fosse estritamente de classe trabalhadora. Como explica Claire Tomalin em sua biografia de 1997, *Jane Austen: A Life*, eles habitavam um mundo social de "pseudonobreza", composto por "famílias que aspiravam viver pelos valores da nobreza sem possuir terras ou herança significativa". Mas é claro que Austen não cresceu como uma personagem de um de seus livros, passando seus dias em uma sala de estar bem equipada, recebendo visitantes enquanto os empregados preparavam refeições luxuosas. Ela tinha trabalho a fazer. Embora Austen fosse uma leitora ávida e, incentivada por seu pai, tivesse experimentado a escrita desde jovem, ela era ocupada demais com o trabalho diário de administrar a casa, o sítio e a escola de sua família para explorar seriamente a arte.

Tudo isso mudou no verão de 1796, quando o pai de Austen decidiu fechar a escola para meninos que funcionava em sua casa. "Isso reduziu o trabalho que envolvia o planejamento e preparo das refeições, a lavanderia, limpeza e arrumação das camas", escreve Tomalin. E com suas obrigações súbita e dramaticamente reduzidas, Austen entrou em um período "fenomenal" de produtividade. Trabalhando em uma escrivaninha no andar de cima, lendo rascunhos de seu trabalho para sua família durante a noite, ela produziu versões iniciais do que eventualmente se tornariam três grandes romances. Como Tomalin enfatiza, foi a capacidade de Austen de "se abstrair da vida cotidiana que acontecia ao seu redor" que permitiu que ela encontrasse sua voz literária.

Em 1800, esse período de responsabilidades consideravelmente reduzidas terminou de modo abrupto quando os pais de Austen decidiram, aparentemente do nada, fechar a casa em Steventon e se mudar para a cidade balneária de Bath. Durante a década seguinte, Austen se viu constantemente em movimento, na transição de uma casa para outra, assumindo mais responsabilidades enquanto lidava com a doença de seu pai e sua morte subsequente. Sem a capacidade de estabelecer um "ritmo de trabalho," como Tomalin coloca, Austen parou de escrever.

O mundo teria sido privado do brilho de Austen se não fosse por uma decisão fatídica, tomada em 1809, que mudou dramaticamente as condições de produtividade a favor de Austen. Exausta da tumultuada década anterior, Austen, junto com sua mãe, sua irmã Cassandra e a amiga da família Martha Lloyd, foram viver em uma modesta casa de campo, situada nos limites da pacata cidade de Chawton. A casa fazia parte de uma grande propriedade, pertencente ao irmão de Austen, Edward, que herdara a terra de parentes distantes da família Austen que nunca tiveram filhos e que, anos antes, haviam nomeado Edward como herdeiro legal.

Foi crucial para o trabalho de Austen que sua família, exaurida das dificuldades e provações dos anos anteriores, abraçasse um merecido descanso ao decidir se abster da vida social em Chawton. Esta não foi uma decisão tomada levianamente. O fato de que o irmão de Austen tinha controle da cidade e vivia em uma propriedade impressionante apenas algumas centenas de metros à frente pela estrada significava que as oportunidades de socialização provavelmente eram abundantes. Mas a família Austen não estava interessada. "Não havia bailes e pouquíssimos jantares", escreve Tomalin, "na maior parte do tempo, eles preferiam viver de forma privada."

A mãe de Austen, já avançando nos 70 anos, passou a trabalhar no jardim da casa, vestindo trajes de trabalho, para a diversão dos outros moradores da cidade. Assim como um acordo tácito foi formado, que liberaria a filha mais nova dos Austen da maior parte das tarefas domésticas. Ela preparava o café da manhã para a família, mas, além dessa obrigação, estava livre para escrever. "Dessa forma, com Cass e Martha em casa, ela recebeu o privilégio de não participar das tarefas domésticas", explica Tomalin.

Escondida do mundo na casa de campo em Chawton, repentinamente e quase milagrosamente livre da maioria das responsabilidades domésticas e sociais, Austen, pela primeira vez em mais de uma década, tinha espaço real e significativo para pensar e trabalhar criativamente. Foi ali, trabalhando em uma modesta escrivaninha junto a uma janela com vista para a estrada, que ela finalmente conclui os manuscritos de *Razão e Sensibilidade* e *Orgulho e Preconceito*, antes de começar a escrever *Mansfield Park* e *Emma*.

sobrinho de Austen pode ter popularizado a história de uma autora sobrecarregada, recatada e elegante em sua sala de estar, trabalhando freneticamente entre distrações incessantes, mas a realidade de seus notáveis anos em Chawton é claramente bem diferente.* Longe de glorificar uma ocupação secreta e disciplinada, a história de Austen, quando contada corretamente, parece promover o oposto desse estilo. Austen

* Um interessante paralelo ao mito da produtividade de Jane Austen na sala de estar pode ser encontrado no exemplo de J. R. R. Tolkien. De acordo com o biógrafo de Tolkien, Raymond Edwards, era comum acreditar que Tolkien escreveu as primeiras histórias para *O Livro dos Contos Perdidos* (suas primeiras tentativas em direção às mitologias que se desenvolveriam em suas famosas fantasias), enquanto estava sob fogo nas trincheiras infernais do batalhão da Primeira Guerra Mundial. Como Edwards observa, mais tarde, o próprio Tolkien "apontou a pura impraticabilidade de trabalho literário consistente nessas condições", chamando essa afirmação de uma "brincadeira". A realidade é que Tolkien não começou a escrever *O Livro dos Contos Perdidos* até estar convalescendo de febre em um hospital britânico, uma circunstância, não diferente da casa de campo de Austen em Chawton, na qual ele se viu subitamente com bastante tempo livre. [Raymond Edwards, Tolkien (Ramsbury, UK: The Crowood Press, 2022), 96.

não foi capaz de produzir criativamente durante os períodos mais ocupados de sua vida. Foi apenas quando, por circunstância e planejamento, suas obrigações foram drasticamente reduzidas, que Austen conseguiu finalmente concluir seu melhor trabalho.

Essa lição de que fazer menos pode possibilitar melhores resultados desafia nosso viés contemporâneo em relação à atividade, baseado na crença de que fazer mais mantém nossas opções abertas e gera mais oportunidades de recompensa. Mas lembre-se de que a *ocupada* Jane Austen não estava feliz ou produzindo trabalhos memoráveis, enquanto a Jane Austen *livre*, escrevendo calmamente na tranquila casa de campo de Chawton, transformou a literatura inglesa.

De fato, simplificar é tão importante para nossa filosofia emergente que a consagrarei aqui como o primeiro princípio oficial da produtividade lenta:

PRINCÍPIO #1: FAÇA MENOS COISAS

Esforce-se para reduzir suas obrigações a ponto de conseguir se imaginar fazendo-as com tempo de sobra. Aproveite essa carga reduzida para abraçar e avançar com mais plenitude nos poucos projetos que realmente importam.

É claro que isso é mais fácil de explicar do que realmente implementar. No contexto de sua vida profissional, estar muito ocupado provavelmente parece inevitável. Os clientes exigem atenção, e os gerentes o afogam em pedidos. Mesmo que você seja um empreendedor individual com total controle sobre seu tempo, a necessidade de renda pode minar sua intenção de reduzir sua carga de trabalho. As longas sessões de escrita de Jane Austen em sua escrivaninha na casa de campo de Chawton podem parecer um miragem fantasiosa para o trabalhador do conhecimento enfrentando uma caixa de e-mails interminavelmente cheia.

Neste capítulo, meu objetivo é persuadi-lo a não desistir desta visão inspiradora de elaborada simplicidade. É possível na maioria dos ambientes de trabalho modernos, se você estiver disposto a ser criativo — e talvez, às vezes, até radical — na maneira como pensa sobre a seleção e organização do seu trabalho. Nas páginas a seguir, detalharei meu argumento sobre por que um compromisso com a simplicidade pode ser tão benéfico (e alcançável) no trabalho moderno com conhecimento quanto foi para a escrita de ficção na era vitoriana de Austen, e então detalharei algumas táticas concretas para implementar esse primeiro princípio da produtividade lenta.

Da Casa de Campo em Chawton ao Cubículo; ou, Por que Aqueles que Trabalham com o Conhecimento Deveriam Fazer Menos Coisas

Na primavera de 2021, um gerente do HSBC chamado Jonathan Frostick sofreu um infarto enquanto trabalhava em casa remotamente. Sabemos disso porque, posteriormente, ele postou uma foto de si mesmo no leito do hospital no LinkedIn, com uma lista de seis resoluções sobre como mudaria sua vida se sobrevivesse. A postagem viralizou, gerando cerca de 300 mil comentários e atraindo a mídia internacional.

O incidente de Frostick chamou minha atenção por causa do que ele escolheu como sua primeira resolução entre as seis que listou: "Não vou mais passar o dia inteiro no Zoom". Como Frostick disse depois, em uma entrevista à *Bloomberg*, no primeiro ano da pandemia de Covid-19, ele foi dedicando tempo crescente a videochamadas. Como resultado, seus dias de trabalho começaram a se prolongar. "Antes, eu terminava, de maneira sensata, entre 5h e 6h30, mas me via ali numa sexta-feira às 20 horas, exausto, pensando que precisava preparar algo para segunda--feira e não tinha tempo", ele disse. "Então, de fato, comecei a trabalhar nos fins de semana." Durante aquele período, Frostick não foi o único a se sentir sobrecarregado com sua agenda. Um relatório de tendências de trabalho publicado pela Microsoft revelou que o tempo gasto em reuniões aumentou 2,5 vezes mais durante o primeiro ano da pandemia, enquanto a quantidade de chats de mensagens instantâneas e e-mails recebidos também explodiu. Como o relatório resume: "A intensidade digital dos dias dos trabalhadores aumentou substancialmente".

A maioria daqueles que trabalham com o conhecimento, é claro, não precisa de estatísticas para ser convencida de uma tendência que foi experimentada na pele. À medida que 2020 dava lugar a 2021, comecei a ouvir leitores reclamando regularmente que estavam perdendo mais ou menos um dia inteiro em reuniões virtuais consecutivas, com quase todos os momentos de descanso entre elas preenchidos com conversas hiperativas no Slack ou similares. Os relatos se tornaram tão graves que passei a me referir a esse período como o Apocalipse do Zoom. Tudo isso para dizer que não é surpreendente que Jonathan Frostick tenha tido um enfarto e que sua principal resolução ao se recuperar tenha sido fugir dessas videoconferências infernais. A questão mais importante para nosso propósito, no entanto, é por que tudo isso aconteceu de início.

No trabalho com o conhecimento, quando você aceita um novo compromisso, seja uma tarefa menor ou um grande projeto, você traz consigo uma certa quantidade de sobrecarga administrativa contínua: trocas de e-mails para reunir informações, por exemplo, ou reuniões agendadas para alinhamentos com seus colaboradores. Esta *taxa de sobrecarga* é ativada assim que você assume uma nova responsabilidade. À medida que sua lista de afazeres cresce, aumenta também a quantidade total de taxa de sobrecarga que você está pagando. Como o número de horas no dia é fixo, essas tarefas administrativas vão tomando cada vez mais tempo do seu trabalho principal, desacelerando o ritmo com que esses objetivos são alcançados.

Com cargas de trabalho moderadas, esse efeito pode ser frustrante: uma sensação geral de que seu trabalho está levando mais tempo do que deveria para ser concluído. No entanto, à medida que sua carga de trabalho aumentar, a taxa de sobrecarga que você estará pagando enfim passará de um ponto crítico, além do que os esforços logísticos consumirão tanto do seu tempo que você não conseguirá completar as tarefas antigas rápido o suficiente para acompanhar as novas. Esse ciclo pode rapidamente sair do controle, elevando sua carga de trabalho cada vez mais até que você se veja perdendo o dia inteiro com atividades de sobrecarga: reunião após reunião entre trocas de e-mails e chats incessantes. No fim das contas, a única solução passa a ser empurrar o trabalho real para fora do horário de expediente — à noite, de manhã bem cedo ou durante o fim de semana —, em uma tentativa desesperada de evitar um colapso total de toda produção útil. Você fica mais ocupado do que nunca, e mesmo assim quase não consegue concluir nada.

É exatamente essa dinâmica que explica o Apocalipse do Zoom. Para entender por que, vamos examinar mais de perto o que mudou para trabalhadores do conhecimento como Jonathan Frostick, quando a pandemia chegou. Essa emergência de saúde afetou diferentes setores econômicos de maneiras distintas. No trabalho do conhecimento, a interrupção óbvia foi a mudança para o teletrabalho, que criou uma enxurrada repentina de novas tarefas centradas na adaptação dos nossos empregos para funcionar fora do escritório. Como professor universitário, por exemplo, lembro-me, no primeiro ano da pandemia, de me esforçar para descobrir como mudar meus cursos para um formato online. Comprei um conjunto de tablet e caneta eletrônica barato para poder desenhar em um quadro branco virtual compartilhado com meus alunos pelo Zoom, mas achei a tecnologia insuficiente. Então acabei experimentando vários aplicativos inspirados no Apple Pencil até encontrar algo que funcionasse. Também fui obrigado a finalmente dominar o Canvas, o software de gerenciamento de cursos, para poder aceitar a entrega eletrônica de trabalhos. Isoladamente, essas novas tarefas não eram esmagadoras em termos quantitativos, mas chegaram de forma inesperada e acompanhadas por um senso de urgência. Muitos outros trabalhadores do conhecimento tiveram uma experiência semelhante. A pandemia não os afogou em novos trabalhos, mas pareceu inflar repentinamente a quantidade de taxa de sobrecarga que estavam pagando.

A mudança para o trabalho remoto também tornou a colaboração um pouco menos eficiente, aumentando o tempo necessário para atender às demandas dessa nova taxa de sobrecarga. Se estamos trabalhando no mesmo prédio e eu tenho uma pergunta para você sobre um projeto, posso esperar até ver que a porta do seu escritório está aberta e passar para uma conversa rápida. Se estou trabalhando de casa, por outro lado, talvez tenhamos que marcar uma reunião no Zoom, que, em função do formato da maioria dos calendários digitais usados provavelmente exigirá que reservemos pelo menos trinta minutos. "Quando trabalhamos remotamente, é mais difícil organizar esses encontros para conversas rápidas, informais e espontâneas", escrevi em um artigo de 2020 sobre os custos do trabalho remoto, "e as decisões começam a se arrastar."

O aumento, tanto na quantidade quanto no custo da taxa de sobrecarga, foi modesto (tive que aprender a usar novas tecnologias para meus cursos universitários, mas não precisei, por exemplo, criar cursos completamente novos, do zero). E, ainda assim, esse aumento modesto foi suficiente para esgotar a taxa de sobrecarga de muitos, como Jonathan Frostick, levando-os a uma espiral de sobrecarga logística que definiu os piores momentos do Apocalipse do Zoom. Esta observação é importante não apenas pelo que nos diz sobre nosso trabalho durante a pandemia, mas também sobre nosso trabalho *logo antes* dessas interrupções chegarem. Quando a mudança para o trabalho remoto começou, no outono de 2020, muitos trabalhadores intelectuais já haviam elevado sua carga de trabalho até o limite do ponto de inflexão da taxa de sobrecarga, o máximo possível de sobrecarga administrativa que ainda eles conseguiam mais ou menos acompanhar. Tudo o que era necessário para desestabilizar suas vidas profissionais era um empurrão final inesperado. Conforme as interrupções da pandemia diminuíam e escapávamos do Apocalipse do Zoom, muitos pareciam ter voltado exatamente para o mesmo limite perigoso, capazes apenas de fazer o suficiente e temendo estar a apenas uma demanda adicional ou emergência para perderem o controle novamente.

Não é preciso ser um especialista em operações para concluir que esse jogo de desafio com o ponto de inflexão da taxa de sobrecarga é uma maneira insana de organizar nossas vidas profissionais. Para tornar isso mais concreto, vamos considerar alguns números simples. Vamos imaginar que você produza relatórios que sua empresa vende. Além disso, imagine que leva sete horas do seu esforço principal para concluir um único relatório, e que cada relatório que você se compromete a escrever gera uma hora por dia de taxa de sobrecarga (e-mails, reuniões, espaço mental ocupado, e assim por diante) até que seja concluído.* Nesta suposição, se você se comprometer a fazer apenas um relatório por vez, dedicando sua atenção completa até que esteja concluído antes de concordar em começar a trabalhar em outro, concluirá os relatórios à taxa de um por dia (supondo que trabalhe oito horas por dia). Por outro lado, se você concordar em assumir quatro relatórios diferentes de maneira simultânea, a taxa de sobrecarga combinada de manter todos os quatro

* Uma das chaves da taxa de sobrecarga é que ela tende a se expandir para ocupar o tempo que lhe é fornecido. Enquanto um projeto for algo ao qual você se comprometeu e ainda não estiver completo, ele tenderá a gerar uma taxa contínua na forma de reuniões de acompanhamento, e-mails improvisados e espaço mental ocupado.

em sua lista de tarefas consumirá metade do seu dia em negociações logísticas, efetivamente dobrando o tempo necessário para concluir um único relatório. Neste exemplo, fazer menos coisas acaba produzindo mais resultados.

A vantagem de se fazer menos coisas, no entanto, vai além de simplesmente aumentar o número de horas dedicadas à atividade principal; a *qualidade* dessas horas também aumenta. Quando você aborda um projeto sem a necessidade apressada de cuidar de muitos problemas mal contidos, você desfruta de um sentido mais expansivo de experimentação e possibilidade. Talvez você consiga identificar uma nova estratégia de negócios inteligente, elaborar um ótimo algoritmo ou criar uma campanha publicitária ousada, que teria lhe escapado se você estivesse em um estado de atenção mais fragmentado. Existem explicações fisiológicas e neurológicas entediantes para esse efeito, envolvendo os impactos do cortisol na mente quando sua agenda se torna irrealisticamente cheia, ou o tempo necessário para excitar conexões semânticas ricas entre os neurônios do seu cérebro. Mas não precisamos da ciência para nos convencer de algo que todos experimentamos diretamente: nossos cérebros funcionam melhor quando não estamos apressados.

Agora refutamos uma confusão comum sobre o primeiro princípio da produtividade lenta: é fácil confundir "fazer menos coisas" com "terminar de fazer menos coisas". Mas esse entendimento é exatamente ao contrário. Esteja sua lista de tarefas transbordando ou quase vazia, você ainda estará trabalhando mais ou menos o mesmo número de horas por semana. O tamanho da sua lista afeta apenas o quanto essas horas produzem resultados produtivamente. É aqui que encontramos o principal argumento para a importância de se fazer menos coisas para aqueles que trabalham com o conhecimento, tanto nos tempos modernos quanto nos de Jane Austen. Não é apenas porque a sobrecarga é exaustiva, insustentável e um jeito miserável de viver — embora certamente seja —, mas porque fazer menos coisas nos torna melhores em nossos trabalhos; não apenas psicologicamente, mas também econômica e criativamente. Focar com intensidade um pequeno número de tarefas, esperando terminar cada uma antes de iniciar outra, é objetivamente uma maneira muito melhor de usar nossos cérebros para produzir resultados valiosos.

Mas será que essa carga de trabalho mais esparsa é possível hoje em dia? É tão grande a parcela da cultura do trabalho do conhecimento construída em torno de se lidar com mais e mais trabalho, com cada vez mais "eficiência", que a ideia de se fazer menos coisas, mesmo que lógica no abstrato, parece um objetivo impossível de se alcançar na prática. Antes de começarmos a explorar estratégias específicas para implementar esse princípio, precisamos primeiro nos convencer de que o ambiente de trabalho moderno permitirá essa abordagem.

Depois de me deparar com a história de Jonathan Frostick e a tendência mais ampla do Apocalipse do Zoom que ele encapsulou, me vi distraído pelo mistério central desses eventos: como é que tantos trabalhadores do conhecimento acabam com cargas de trabalho calibradas exatamente no limite da taxa de sobrecarga? Podemos imaginar um cenário alternativo em que a maioria desses trabalhadores está longe desse limite, facilmente capaz de absorver novos compromissos inesperados, ou, inversamente, um cenário em que os trabalhadores constantemente ultrapassam o ponto de inflexão em um burnout, ao estilo de Frostick. Mas não é isso que vemos. A maioria dos trabalhadores que tem a sorte de exercer algum controle sobre seu trabalho — como trabalhadores intelectuais, pequenos empresários ou freelancers — tende a evitar assumir mais do que dá conta para evitar um colapso, mas também não trabalha apenas uma quantidade razoável. Eles se mantêm nesse ponto de máxima taxa de sobrecarga sustentável, que parece representar a pior de todas as configurações, pois mantém a dor de ter muito a fazer, mas esse sofrimento é gerenciável o suficiente para que eles contornem uma mudança.

Grande parte da discussão existente que encontrei sobre essas questões adota ideias de um quadro teórico de conflito tradicional que afirma que somos levados ao excesso de trabalho porque uma entidade exploradora, como um gerente ou proprietário de empresa, está tentando extrair o máximo possível de valor do nosso trabalho. No entanto, esses quadros, desenvolvidos originalmente no contexto da manufatura industrial estritamente controlada e, mais tarde, ampliados para incluir o setor de serviços remunerados por hora, aplicam-se no melhor dos casos de forma incômoda à semiautonomia e à ambiguidade do trabalho com o conhecimento. Se você trabalha em frente a uma tela de computador, as tarefas não são necessariamente atribuídas diretamente a você por um gerente com cronômetro procurando atingir uma meta de produção a qualquer custo, mas são lançadas em sua direção de forma mais aleatória, vindas de todas as direções — colegas de trabalho, departamento de RH, clientes. Além disso, como acabamos de comentar, as dinâmicas do trabalho intelectual são diferentes das do trabalho braçal. Em uma fábrica, pressionar os funcionários a trabalhar por turnos mais longos pode ser diretamente mais lucrativo. No trabalho com conhecimento, por outro lado, pressionar os funcionários a assumir cargas de trabalho maiores pode diminuir tanto a quantidade quanto a qualidade do que produzem. Se nossas cargas de trabalho fossem inteiramente determinadas por gerentes todo-poderosos que buscam maximizar lucros, poderíamos esperar, por mais paradoxal que isso pareça a princípio, ter *menos* coisas em nossas mãos.

É a aceitação dessa natureza fundamentalmente descontrolada do trabalho do conhecimento que fornece uma solução para nosso mistério: a autorregulação. Como os trabalhadores do conhecimento decidem quando dizer não ao bombardeio constante de solicitações recebidas? No contexto do escritório moderno, eles tendem a depender do estresse como uma heurística padrão para moderação. Se você recusar um convite para uma reunião no Zoom, há um custo de capital social, pois você está causando um possível leve dano a um colega e potencialmente sinalizando ser uma pessoa não cooperativa ou preguiçosa. Mas se você se sentir suficientemente estressado com sua carga de trabalho, esse custo pode se tornar aceitável: você sente que está próximo de ficar insuportavelmente ocupado, e isso lhe dá uma justificativa psicológica para recusar a reunião no Zoom. Você precisa sentir um nível suficiente de desconforto pessoal para justificar o desconforto que dizer não pode gerar na outra parte.

O problema ao utilizar essa heurística do estresse, é claro, é que você não recusa tarefas recebidas até perceber que já está se aproximando do limite da carga de trabalho insustentável. Isso faz com que você continue permanentemente nesse espaço liminar exaustivo que precede imediatamente o ponto de inflexão da taxa de sobrecarga. É por isso que tantas pessoas que trabalham com o conhecimento geralmente se sentem sempre sobrecarregadas e por que fomos tão vulneráveis a entrar em completo esgotamento quando pressionados por mudanças inesperadas: a maneira informal como gerenciamos nossas cargas de trabalho faz com que, perigosamente, sempre tenhamos muito a fazer.

Essa percepção é uma boa notícia para nossa busca por implementar o primeiro princípio da produtividade lenta. Se a fonte de nosso excesso de trabalho é, em certa medida, um efeito colateral da maneira idiossincrática pela qual gerenciamos nossas obrigações, então podemos ter esperança de que melhores opções sejam possíveis. De fato, na pesquisa conduzida para este livro, deparei-me com inúmeros exemplos de trabalhadores do conhecimento em empregos tradicionais e ocupados que descobriram não apenas que é possível fazer menos coisas em suas vidas profissionais, mas que, ao fazê-lo, como previsto, acabaram mais felizes e melhores em seus empregos.

Um exemplo disso é a coach chamada Laura, que relatou ter simplificado sua prática reduzindo suas ofertas para alguns serviços-chave. "Desde que descobri isso", ela me disse, "meu cérebro está mais calmo, a qualidade das minhas interações cresceu e a qualidade do meu trabalho é maior". Como resultado desse trabalho de mais qualidade, ela agora ganha a mesma quantia trabalhando menos horas. Ironicamente, como Laura admite, o objetivo original de trabalhar menos era encontrar mais equilíbrio em outras partes de sua vida. O fato de ela acabar ganhando a mesma quantia foi uma surpresa feliz.

Um professor de direito chamado Jason me contou uma história semelhante sobre uma decisão benéfica de "reduzir seu foco". Um ano antes, ele interrompeu seu "ritmo frenético usual" de escrita de artigos para se concentrar profundamente em um único caso importante para o qual foi contratado como testemunha especialista. "O foco e a atenção que dediquei aos meus relatórios e à preparação necessária para resistir a testemunhos hostis e interrogatórios cruzados me ajudaram a produzir o melhor trabalho da minha carreira até agora", disse ele. "Fiz algumas apresentações acadêmicas preliminares sobre isso e nunca recebi uma resposta tão engajada e impressionante ao meu trabalho." A carreira de Jason, em outras palavras, está evoluindo devido à sua decisão de não aumentar sua lista de tarefas.

Uma professora chamada Aurelia, cansada da sobrecarga que existe no sistema de educação, discretamente adotou uma regra: "Não faço mais trabalhos que não são remunerados, mas que são esperados como parte do meu trabalho". Nada de ruim resultou desse limite que ela impôs. Muita da "bobagem" que estava ocupando seu tempo não era realmente tão urgente assim. Um consultor sênior me contou anonimamente como sua carreira mudou quando sua empresa implementou uma política que dava aos consultores algumas horas não remuneradas que eles podiam usar para o que quisessem. "Isso foi transformador", ele explicou. "Eu tive tempo para estudar e expandir meu conhecimento para novas áreas... Isso fez com que eu me reengajasse no campo... Voltei a lembrar por que eu gosto de tudo isso." Um gerente de engenharia civil chamado Nick deixou um trabalho exaustivo de sessenta horas por semana por um de trinta horas por semana com expectativas muito mais claramente definidas, permitindo-lhe manter uma carga de trabalho mais gerenciável. "Descobri que sou capaz de produzir quase tanto quanto antes, trabalhando apenas 50% das horas, porque meu foco é mais restrito", explicou ele com evidente surpresa.

Já entendemos que a sobrecarga não é a base para o trabalho com o conhecimento. É, em grande parte, um efeito colateral das maneiras rudimentares pelas quais gerenciamos nosso volume de trabalho. Também estabelecemos que trabalhar na capacidade máxima reduz significativamente a taxa de realização de tarefas úteis, pois sufoca nosso cronograma com tarefas administrativas e fragmenta nossa atenção em pedaços pequenos demais para sustentar o foco original. O que era verdade para Jane Austen no século XVIII continua sendo verdade para aqueles que olham para telas de computador no século XXI: fazer menos coisas é a chave para se produzir um bom trabalho.

No entanto, esse reconhecimento por si só não é suficiente para transformar sua vida profissional. O setor do conhecimento continua definido pelas demandas de uma pseudoprodutividade. Para os não esclarecidos, seu compromisso em fazer menos pode ser interpretado como preguiça ou uma ética de trabalho diminuída. Para se conseguir essa liberdade, uma abordagem mais cuidadosa e tática é necessária — ao estilo do chalé em Chawton — em um mundo de trabalho soterrado por reuniões e mensagens eletrônicas. É para essas ideias mais concretas que agora voltamos nossa atenção.

Proposta: Limitar os Grandes

Ao buscar inspiração sobre como implementar o primeiro princípio da produtividade lenta — fazer menos coisas — faz sentido começar com um exemplo famoso de simplificação profissional: a busca do matemático Andrew Wiles pelo Último Teorema de Fermat. É um problema aparentemente simples de teoria dos números identificado pela primeira vez no século XVII pelo polímata francês Pierre de Fermat que resistiu a soluções por séculos.* Como detalhado no impressionante livro de pesquisa do escritor científico Simon Singh, *O Último Teorema de Fermat*, a história da solução deste teorema começa de maneira dramática. A cena se passa em uma biblioteca na década de 1960. Andrew Wiles, aos 10 anos, encontra um livro que o apresenta ao teorema. Ele fica fascinado. "Aqui estava um problema que eu, com 10 anos, podia entender", ele disse a Singh. "E eu sabia desde aquele momento que nunca o deixaria de lado. Eu tinha que resolvê-lo."

Avançando para 1986, Wiles é então professor de matemática na Universidade de Princeton, onde se destacou como um dos teóricos mais notáveis de sua geração, tendo feito uma descoberta precoce sobre a aritmética de curvas elípticas. É aqui que a narrativa recebe uma conotação de *deus ex machina*. Wiles descobre que um colega teórico de números chamado Ken Ribet estabeleceu uma ligação surpreendente entre o enigma de Fermat e uma alegação obscura e altamente técnica conhecida como a Conjectura de Taniyama-Shimura: resolver esta conjectura, demonstrou Ribet, provaria que o Último Teorema de Fermat também era verdadeiro.

Wiles fica atordoado. A Conjectura de Taniyama-Shimura, como fica conhecida, baseia-se fortemente na teoria das curvas elípticas. Wiles, que aos 10 anos havia declarado que um dia resolveria o Último Teorema de Fermat, de repente se tornou uma das pessoas mais qualificadas do mundo para fazê-lo. "Eu fiquei extasiado. Naquele momento, soube

* Para quem tiver interesse, aqui está uma das várias declarações equivalentes do Último Teorema de Fermat: para todo valor de n maior do que dois, não existem três números inteiros a, b e c que correspondam à seguinte equação: $a^n + b^n = c^n$.

que o curso da minha vida estava mudando", disse ele. "Significava que meu sonho de infância agora era algo considerado uma área respeitável de pesquisa matemática. Eu simplesmente sabia que nunca poderia me esquecer disso."

O que torna Andrew Wiles relevante para a produtividade lenta é como ele reage a essa decisão fatídica de focar esse único objetivo com todas as suas energias. Como Singh resume, o jovem matemático imediatamente começou a reduzir seus compromissos:

> Wiles abandonou qualquer trabalho que não fosse diretamente relevante para provar o Último Teorema de Fermat e parou de comparecer às intermináveis conferências e colóquios. Como ainda tinha responsabilidades no departamento de matemática de Princeton, Wiles continuou a assistir aos seminários, dar aulas para graduandos e oferecer tutorias. Sempre que possível, ele evitava as distrações de ser um membro do corpo docente, trabalhando em casa, onde podia se refugiar no estúdio do sótão para estudar.

Claro, ainda havia a questão da publicação. Esperava-se que um professor de Princeton produzisse artigos. Para evitar atenção indesejada, Wiles elaborou o que Singh chama de "estratégia". Durante a maior parte do início da década de 1980, Wiles trabalhou nos bastidores em uma "importante peça" de pesquisa sobre teoria das curvas elípticas que ele havia estado preparando para publicar em um único e grande manuscrito. Ele então mudou a rota. Para ganhar tempo para trabalhar no Teorema de Fermat, decidiu, em vez disso, dividir esse trabalho quase completo em partes menores, publicando um artigo curto a cada seis meses, mais ou menos. "Essa aparente produtividade convenceria seus colegas de que ele ainda continuava com suas pesquisas usuais", explica Singh.

Wiles começou o trabalho sério no Último Teorema de Fermat em 1986. Ele trabalhou em segredo durante cinco anos, muitas vezes em seu escritório no sótão, evitando sistematicamente projetos e obrigações maiores. A partir do início da década de 1990, conforme ele se aproximava de uma solução, começou a frequentar novamente algumas conferências sobre curvas elípticas para atualizar seu arsenal matemático com novas técnicas. Ele então conseguiu um cargo como professor convidado de pesquisa em Oxford, o que simplificou seus esforços para se concentrar (esses cargos têm intencionalmente poucas obrigações além de se pensar profundamente sobre problemas difíceis). Enfim, em 1993, oito anos após iniciar sua pesquisa, Wiles apresentou sua prova concluída da Conjectura de Taniyama-Shimura em uma série de palestras no Instituto Isaac Newton, em Cambridge. Para sua palestra final, membros da mídia, informados por participantes da conferência sobre o que estava por vir, encheram o fundo da sala. Quando chegou ao final de sua prova, Wiles brincou: "Acho que vou parar por aqui". Então os flashes das câmeras começaram.

....

Se você não é um professor de matemática, as ações específicas que Andrew Wiles tomou para diminuir sua carga de trabalho provavelmente não são tão relevantes. O que é útil para nossa discussão, no entanto, é a abordagem geral que ele adotou. Para se preparar para focar um único projeto grande e significativo, Wiles limitou grandes projetos e compromissos que competiriam por seu tempo. Crucialmente, ele foi sistemático nessa redução. Não resolveu tentar assumir menos coisas de maneira genérica; em vez disso, ele estabeleceu regras específicas (por exemplo, sem conferências), hábitos (como, trabalhar em casa o máximo possível) e até mesmo artimanhas (por exemplo, liberar aos poucos sua pesquisa já concluída) — tudo para minimizar o número de tarefas que pudessem disputar sua atenção.

Esta primeira proposta sugere que você siga o exemplo de Andrew Wiles e implemente um plano sistemático para limitar compromissos significativos em sua própria vida profissional. Existem muitas maneiras de se buscar esse objetivo. Nas estratégias que seguem, vou esboçar uma abordagem específica que descobri ser bem útil: colocar limites em diferentes escalas de trabalho ao mesmo tempo, desde suas missões gerais, até seus projetos em andamento e seus objetivos diários.

Limites intencionais estabelecidos simultaneamente em todas essas três escalas têm mais chances de ter sucesso do que focar apenas uma escala isoladamente. Se você tiver múltiplas missões profissionais importantes, por exemplo, terá dificuldade em limitar o conjunto de projetos em andamento que elas geram. Da mesma forma, se tiver muitos projetos em andamento, terá dificuldade em evitar que sua agenda diária fique sobrecarregada. Portanto, o que segue são três estratégias de limites, uma para cada escala.

LIMITE SUAS MISSÕES

O termo *missões* pode soar grandioso. Para nossos propósitos, vamos redefinir isso para algo mais pragmático: qualquer objetivo ou serviço contínuo que influencie sua vida profissional. Andrew Wiles tinha a missão de resolver o Último Teorema de Fermat. Ganhar bolsa de estudos, gerenciar efetivamente solicitações de RH, produzir novos briefings criativos e elaborar ótimos programas de computador também são missões. São elas que, em última análise, decidem para onde você direciona sua atenção no trabalho. É fácil deixar sua coleção de missões se expandir, já que começar um novo objetivo importante pode ser emocionante para o momento. Mas missões, uma vez assumidas, demandam esforço. Se sua vida profissional estiver cheia de compromissos, você inevitavelmente enfrentará uma carga de trabalho pesada. Qualquer tentativa de ter sucesso com o primeiro princípio da produtividade lenta, portanto, deve começar com a redução de seus objetivos principais.

É difícil especificar o número ideal de missões, mas geralmente, menos é melhor do que mais. Há um romantismo em focar uma única busca, mas esse nível de simplicidade geralmente é acessível apenas para os campos mais puramente criativos — Hemingway em Key West, digitando suas páginas de texto toda manhã em sua máquina de escrever Corona. Duas ou três missões são mais gerenciáveis e ainda algo bastante minimalista. Quando me formei na faculdade, por exemplo, com uma especialização em ciência da computação e um contrato de livro com a Random House, decidi manter meu trabalho focado apenas nessas duas missões: pesquisa acadêmica e escrita. Isso durou até eu ser contratado como professor-assistente, momento em que tive que adicionar uma terceira missão dedicada ao serviço dos aspectos não relacionados à pesquisa da vida acadêmica, incluindo preparação de aulas e supervisão de alunos. Três missões ainda parecem compatíveis com a produtividade lenta, especialmente se eu for cuidadoso no controle delas (cheque a próxima proposta para entender mais sobre isso), mas, sendo honesto, sinto saudades da simplicidade de duas e anseio pela possibilidade de ter apenas uma.

Por outro lado, é difícil manter cinco ou mais missões sem sentir que você está atolado de trabalho. Muitos objetivos podem sem atraentes, mas permitir que a quantidade de seus compromissos cresça ao longo do tempo é mais fácil do que você imagina. Minha amiga Jenny Blake, por exemplo, escreve em seu livro *Free Time*, de 2022, sobre como seu pequeno negócio de consultoria e treinamento continuou se expandindo até que, um dia, exausta com as demandas do trabalho, ela percebeu que tinha mais de dez fontes de renda diferentes, o que descreveu como "resultado de anos de experimentação". Nem todo gerenciamento de tempo inteligente ou tática de otimização pode dar conta de tornar dez missões diferentes algo gerenciável.

Depois que Blake começou a fantasiar sobre "ganhar na loteria ou jogar tudo para o alto", ela percebeu que, se tinha esperança de ter uma vida profissional sustentável e com propósito, precisava simplificar as coisas. Ela reduziu suas fontes de renda e sua equipe para apenas três funcionários em tempo parcial. Agora, trabalha em média vinte horas por semana e tira dois meses de férias por ano. Claro, é provável que Blake estivesse ganhando mais dinheiro caso se esforçasse para continuar com mais missões. No entanto, quando se está desfrutando de uma carga horária de trabalho de vinte horas semanais, é difícil se preocupar muito com isso.

LIMITE OS PROJETOS

Missões requerem que você inicie "projetos", que é o termo que uso para qualquer iniciativa relacionada ao trabalho que não pode ser concluída em uma única sessão. Alguns projetos você encerra de uma vez, como atualizar o texto de vendas de alguns produtos em um site. Outros projetos são contínuos e se desenrolam sem uma conclusão específica, como responder ao suporte de clientes. Projetos geram muitas tarefas que ocupam seu tempo ao longo do dia. Portanto, limitá-los é crucial para restringir seu volume total de trabalho.

Uma abordagem grosseira para alcançar esse objetivo é adotar a persona de alguém excêntrico e não responsivo, eventualmente levando seus colegas a redirecionar suas solicitações e atribuições para outra pessoa. No meu livro *Trabalho Focado*, citei o físico teórico ganhador do Prêmio Nobel Richard Feynman como um exemplo clássico dessa abordagem. Em *Trabalho Focado*, destaquei o seguinte trecho de uma entrevista que Feynman, então professor na Caltech, deu em 1981 ao programa *Horizon* da BBC:

> Para fazer um trabalho realmente bom em física, você precisa de longos períodos de tempo ininterruptos... Isso requer muita concentração... Se você trabalha administrando qualquer coisa, você não tem tempo. Então, eu inventei outro mito para mim: que sou irresponsável. Sou ativamente irresponsável. Eu digo a todos que não faço nada.

Mesmo para alguém tão excêntrico quanto Feynman, é difícil manter essa aparência de antissocialidade. No livro *Trabalho Focado*, por exemplo, não mencionei que, meia década após sua entrevista no programa *Horizon*, a "capa protetora" de irresponsabilidade de Feynman foi arrancada quando seu ex-aluno, William Graham, então diretor interino da NASA, ligou para Feynman e o persuadiu a participar da comissão presidencial sobre o desastre do ônibus espacial *Challenger*. Feynman acabou ajudando a identificar a causa da explosão do *Challenger*: as juntas de vedação de borracha do ônibus espacial perderam a elasticidade quando resfriadas abaixo de uma certa temperatura. A famosa demonstração de Feynman desse problema durante as audiências televisionadas da comissão, na qual ele mergulhou uma junta de vedação em um copo de água gelada, tornou-se icônica e atraiu ao físico idoso uma nova onda de sucesso.

Todo o sucesso em sua participação nessa comissão representou uma falha nos planos bem elaborados de Feynman para evitar projetos extrínsecos em sua vida profissional. "Irresponsabilidade requer vigilância eterna", Feynman disse ao *Los Angeles Times* em um perfil feito em 1986. "E eu falhei! Não fui cuidadoso o suficiente quando surgiu essa coisa da comissão presidencial. Falhei no meu próprio princípio." Um plano para simplesmente se tornar desagradável demais para ser incomodado, ao que parece, não é sustentável. O número de vezes em que se pode oferecer um "não" categórico sem perder o emprego ou ser marginalizado como um ranzinza em quem não dá pra confiar é limitado.

Isso nos deixa com uma opção mais sutil para limitar projetos: apelar para a dura mas incontestável realidade do seu tempo disponível. Se alguém pedir algo a você, e você não deixar claro o motivo, é improvável que tenha sucesso consistentemente. "Todos nós estamos ocupados", poderiam responder, "mas eu realmente preciso que você faça isso por mim". Se, em vez disso, você tem a reputação de ser alguém cuidadoso em gerenciar seu tempo e pode quantificar sua ocupação de forma mais concreta, tem mais chance de evitar o novo trabalho.

Quando você diz: "Não tenho espaço na agenda para trabalhar em algo assim por pelo menos três semanas, e durante esse tempo, tenho outros cinco projetos competindo pelo meu horário", é difícil para alguém rebater você, a menos que estejam dispostos a questionar seus cálculos ou exigir que você aumente suas horas de trabalho para acomodar o pedido específico deles.

Para ganhar essa credibilidade, eu recomendo que, quando considerar um novo projeto, antes de tudo, estime quanto tempo isso vai requerer e então *procure e reserve esse tempo na sua agenda*. Reserve as horas como se estivesse em uma reunião. Se você não conseguir encontrar espaço na sua agenda em um futuro próximo para esse trabalho, significa que não tem tempo para ele. Recuse o projeto ou cancele alguma outra coisa para abrir espaço. O poder dessa abordagem é lidar com a realidade do seu tempo, não com uma impressão de quão ocupado você está agora.

Você não precisa continuar pré-agendando seus projetos dessa maneira, indefinidamente. Depois de executar essa estratégia por um tempo, desenvolverá um instinto para saber aproximadamente quantos compromissos pode ter ao mesmo tempo, sem se sobrecarregar. Torna-se suficiente, então, apenas acompanhar o número atual de projetos e rejeitar novos trabalhos assim que ultrapassar seu limite — fazendo ajustes conforme necessário, é claro, para períodos em que estiver excepcionalmente ocupado.

Embora este método seja projetado para evitar que você aceite mais trabalho do que a quantidade de tempo que tem para lidar, preencher cada minuto disponível do seu dia de trabalho com projetos ainda pode levar a um nível de ocupação incompatível com a produtividade lenta, mesmo que a execução seja viável. Isso pode ser resolvido limitando o tempo que você disponibiliza para o trabalho em si (lembre-se das vinte horas semanais de Jenny Blake), ou acrescentando margens às suas estimativas para garantir que tenha mais tempo do que o suficiente para concluir qualquer trabalho que aceitar, sem pressa ou correria. Vamos elaborar mais sobre essa ideia no próximo capítulo, que se concentra no princípio de trabalhar em um ritmo natural. Por enquanto, o importante com essa estratégia é que você mantenha clareza e controle sobre sua agenda e a utilize para manter sua carga de trabalho razoável, independentemente de como você defina essa condição. Existe um mito de que é difícil dizer "não", seja para outra pessoa ou para sua própria ambição. A realidade é que dizer "não" não é tão ruim se você tiver evidências sólidas de que é a única resposta razoável.

LIMITE AS METAS DIÁRIAS

Chegamos à menor escala de trabalho que consideraremos para nossas estratégias de limitação: quantos projetos avançar por dia. Minha recomendação aqui é simples: trabalhe em, no máximo, um projeto por dia. Para esclarecer, não pretendo que esse projeto seja o *único* trabalho do seu dia. É provável que você tenha reuniões para participar, e-mails para enviar e tarefas administrativas chatinhas para resolver (falaremos mais sobre essas tarefas menores na próxima proposta sobre controlar as coisas pequenas). Mas quando se trata de dedicar esforços às iniciativas importantes e maiores, mantenha o foco em apenas um objetivo por dia.

Aprendi esse princípio de limitar os projetos diários com minha orientadora de doutorado no MIT, uma das primeiras pesquisadoras no Estudo dos Algoritmos Distribuídos e uma acadêmica incrivelmente produtiva. Ela sempre ficava incrédula com as minhas tentativas de alternar entre vários artigos acadêmicos ou de combinar a escrita de livros com o pensamento em ciência da computação no mesmo dia. Ela preferia se debruçar em um único projeto por vez, mantendo-se obcecada por ele até poder liberá-lo completamente para seguir em frente com o próximo. Eu estava convencido de que a *lentidão* de trabalhar em apenas uma coisa importante por dia me seguraria. Impulsionado pela ambição impaciente da juventude, eu queria progredir no máximo de coisas possível ao mesmo tempo.

É claro que eu estava errado e ela estava certa. Há uma estabilidade em trabalhar em apenas uma iniciativa importante por dia. O progresso real se acumula, enquanto a ansiedade é contida. Esse ritmo pode parecer lento no momento, mas ao considerar os resultados que se acumulam ao longo de muitos meses, revela-se a estreiteza dessa preocupação. Como um estudante de pós-graduação de 20 anos de idade, era jovem demais para apreciar esse fato, mas com certeza reconheço sua sabedoria hoje.

Proposta: Controlar as Coisas Pequenas

Benjamin Franklin pode parecer uma escolha incomum para figurar em um livro sobre produtividade lenta, já que sua ética de trabalho era conhecidamente incessante. Em sua autobiografia, por exemplo, Franklin falou sobre ganhar destaque para sua oficina gráfica na Filadélfia trabalhando mais horas do que seus concorrentes, muitas vezes operando suas prensas até depois da meia-noite. "Ao mostrar aos outros o quanto estávamos trabalhando, ganhamos respeito e crédito", escreveu ele. Depois de estabelecer seu negócio principal na área da impressão, Franklin expandiu sua atividade comercial ao pulicar o jornal *The Pennsylvania Gazette*, que ele fez crescer em parte assumindo um cargo ingrato e exigente como agente postal na Filadélfia, o que lhe dava acesso antecipado às notícias.

Três anos depois de abrir o *Gazette*, Franklin entrou no ramo dos livros e começou a publicar o *Almanaque do Pobre Ricardo*, que também logo se popularizou. Em busca de ainda mais receita, Franklin franqueou sua gráfica em outros locais: a primeira na Carolina do Sul e a segunda em Nova York. Esses arranjos complicados exigiram que Franklin instalasse uma impressora para cada operação localmente, enquanto fornecia capital e expertise em troca de uma parte dos lucros. Durante esse período, Franklin começou a fazer uma lista diária de virtudes primordiais que precisava observar. Não surpreendentemente, uma dessas virtudes era "indústria", que Franklin definiu em sua autobiografia como "não perder tempo" e "estar sempre ocupado em algo útil". Podemos presumir que ele sempre concluía essa tarefa.

Essa visão de Franklin como grande representante das ocupações, no entanto, deixa de capturar uma história mais matizada. Embora seja verdade que sua carreira profissional tenha começado em um estado de sobrecarga, não permaneceu assim. O biógrafo H. W. Brands aponta que, enquanto Franklin seguia sua jornada, lá pelos 30 anos de idade ele começou a se sentir esgotado. "Parte do problema de Franklin", escreve Brands, "era que ele estava começando a se sobrecarregar". É aqui que

Franklin deu uma guinada inesperada e pouco divulgada em direção à produtividade lenta.

No cerne da descoberta da produtividade lenta de Franklin há um toque do acaso. Tudo começou quando ele decidiu abrir uma terceira franquia da oficina gráfica na Índia a ser dirigida por um assistente de impressor britânico chamado David Hall. Chegando à Filadélfia em 1744, Hall interrompeu esses planos quando ficou doente com icterícia, provavelmente causada por um caso de hepatite contraído em sua longa viagem pelo Atlântico a partir de Londres. Franklin tomou a decisão fatídica de empregar David Hall em sua própria oficina na Filadélfia até se recuperar. No entanto, Franklin ficou tão impressionado com a habilidade de Hall que acabou abandonando o plano original e decidindo manter seu novo funcionário permanentemente na cidade. Como escreve Brands:

> Hall se tornou o capataz de Franklin, lidando com os assuntos da gráfica com uma habilidade e eficiência que nem mesmo o meticuloso Franklin poderia criticar. O negócio de impressão ficou mais lucrativo e Franklin dedicava menos tempo a ele do que nunca.

Sem estar sobrecarregado por todas as minúcias administrativas necessárias para gerenciar um negócio complicado, Franklin voltou cada vez mais sua atenção para projetos mais envolventes. Quatro anos depois da chegada de Hall, Franklin popularizou seu fogão a lenha altamente eficiente, organizou um grupo de defesa civil na Filadélfia e fundou a Sociedade Filosófica Americana.

Então, em 1748, Franklin deu um grande passo para consolidar esse tempo livre recém-descoberto, ao promover David Hall de capataz a sócio. Franklin delegou todos os detalhes operacionais de seus interesses comerciais a Hall, com quem dividiria os lucros. Conforme Brands observa, essa decisão reduziu significativamente a riqueza potencial de Franklin. Ele não apenas renunciou à metade de seus lucros anuais, mas também ao crescimento adicional de seu negócio que teria resultado se Franklin, um talentoso empresário, tivesse permanecido envolvido com sua operação, elaborando novos esquemas e buscando novos mercados.

Mas Franklin estava satisfeito com essa troca de dinheiro por tempo para se dedicar a projetos mais significativos. De fato, uma certa alegria nessa nova liberdade permeia a correspondência de Franklin no período. "Estou acertando minhas contas antigas e espero em breve ser completamente dono do meu tempo", escreveu ele a um amigo em Londres, em 1748, e elaborou:

> Estou no caminho certo para não ter outras *tarefas* senão apenas aquelas que eu gostaria de ter, e de desfrutar do que considero uma grande felicidade, a leitura por lazer, estudar, fazer experiências e conversar livremente... Sobre tópicos que possam resultar em algo para o benefício comum da humanidade, sem interrupções das pequenas preocupações e fadiga vindas dos negócios.

As previsões otimistas de Franklin para o potencial de uma vida sem "tarefas" e "pequenas preocupações e fadiga vindas dos negócios" se mostraram precisas. Em 1748, ele começou a se concentrar obsessivamente na teoria por trás da eletricidade, um fenômeno pouco compreendido, que Franklin havia encontrado pela primeira vez um ano antes durante uma demonstração em Boston. Libertado de sua carga administrativa usual, Franklin fez progressos imediatos no campo. Em um período notavelmente curto de apenas alguns anos, Franklin introduziu uma teoria de fluxo positivo e negativo, inventou a bateria e construiu um motor elétrico rudimentar.

Mais importante, no entanto, foi sua teoria dos raios como um fenômeno elétrico, que não apenas ofereceu uma explicação natural e clara para esses raios no céu, mas também identificou uma solução simples para os danos que eles frequentemente causavam: o para-raios. Quando a teoria de Franklin foi validada em um conjunto simultâneo de experimentos — um conduzido por um grupo de pesquisadores franceses montando uma haste em uma torre durante uma tempestade, e o outro, o famoso experimento de Franklin de empinar uma pipa —, ele foi catapultado para a fama mundial. Logo depois, em parte devido à sua repentina fama, Franklin foi eleito para a Assembleia da Pensilvânia, lançando-o pela primeira vez de forma séria na política. Todos nós sabemos o que aconteceu em seguida.

O que torna a crise de meia-idade de Benjamin Franklin notável para o público moderno é a crença geral de que lidar com o impacto dos pequenos detalhes em sua vida profissional pode abrir espaço para se buscar objetivos maiores. Franklin pode ter sido um observador precoce dessa ideia, mas está longe de ser o último. Aqui, por exemplo, está o escritor escocês de ficção criminal Ian Rankin, descrevendo o ataque mundano que tantas vezes o impede de escrever: "O telefone toca, a campainha soa, há compras para fazer ou um e-mail urgente exigindo uma resposta". Ele se refere a esses dias de distração como "caminhar sobre óleo". A solução de Rankin — sua versão equivalente à contratação de David Hall — é se refugiar em uma casa isolada na costa da Escócia, na cidade de Cromarty, na Black Isle. Como ele coloca:

> Quando vou para o norte, escrevo em um quarto no último andar da casa. Se estiver frio, acendo a lareira. Quando está muito quente, geralmente saio para caminhar e escrevo no final da tarde ou à noite. Quando me deparo com um obstáculo ou problema, uma volta muitas vezes traz uma solução repentina.

Edith Wharton também estava preocupada com a interferência das pequenas coisas em suas grandes realizações. Durante o período de nove anos em que viveu em The Mount, sua grande propriedade nos Berkshires, Wharton insistia em uma rotina rígida para proteger sua escrita das distrações de seus frequentes visitantes. Desde quando acordava até pelo menos às 11 horas da manhã, ela ficava sentada em sua cama, trabalhando à mão em uma prancheta equilibrada nos joelhos. Segundo alguns relatos, ela deixava páginas finalizadas caírem ao chão para serem posteriormente recolhidas por uma secretária para datilografar. Os convidados eram instruídos a se entreter até a hora do almoço, pois Wharton não queria ser incomodada. "A menor interrupção na rotina me desorienta por completo", escreveu ela em uma carta de 1905.

Gosto de colecionar essas histórias de glamorosas formas de defesa contra distrações. Eu as acho inspiradoras, mesmo que, nos detalhes, frequentemente sejam risivelmente inatingíveis. Contratar David Hall, ficar hospedado em uma casa numa remota ilha escocesa, ou deixar as tarefas básicas para uma equipe enquanto você escreve na cama não é uma sugestão que a maioria de nós pode facilmente replicar.* No entanto, a motivação subjacente por trás dessas histórias não deve ser descartada. Tarefas pequenas, em quantidade suficiente, podem ser destruidoras da produtividade, desestabilizando toda a base do que você está tentando construir. Vale a pena fazer um grande esforço para controlá-las.

Com esse objetivo em mente, nas próximas páginas, apresento uma coleção de estratégias mais práticas, projetadas para ajudá-lo a dominar as pequenas obrigações em sua vida profissional. Este tópico sobre reprimir tarefas é um tema que já abordei. Em meu livro *Trabalho Focado*, por exemplo, incluí um capítulo intitulado "Livre-se das superficialidades", que explorou esse tema. Nele, recomendei organizar melhor suas horas usando o bloqueio de tempo — uma estratégia, como se constata, que foi pioneira por Franklin — para que as tarefas pudessem ser melhor separadas dos esforços mais profundos. Também sugeri escrever e-mails mais estruturados para minimizar a troca desnecessária de mensagens, um objetivo que detalho em muito mais detalhes em um livro subsequente que publiquei meia década depois, intitulado *Um Mundo sem E-mail*. Em torno desses livros, há inúmeras

* Por exemplo, para uma análise crítica que esclareça as circunstâncias específicas e os privilégios que impulsionaram a ascensão de Benjamin Franklin, recomendo *Book of Ages: The Life and Opinions of Jane Franklin*, de Jill Lepore, finalista do National Book Awards de 2013. Lepore detalha como a irmã de Benjamin Franklin, Jane, compartilhava uma inteligência e ambição semelhantes às de seu famoso irmão, mas, devido às exigências impostas às mulheres daquela classe na época (Jane criou doze filhos!), não teve oportunidade de desenvolver seus talentos.

páginas de artigos e horas de discussões em podcasts onde também abordei esse tema com profundidade.

As estratégias que compilei aqui representam uma espécie de "coleção de maiores sucessos", selecionadas a partir dos meus anos de experiência lutando contra listas de tarefas que causam distrações. Este conselho é unificado pela noção de *contenção*. Várias dessas ideias se concentram em conter o ônus administrativo das tarefas que você não pode evitar fazer. Em muitos casos, não é a execução real de um compromisso pequeno que gera distração, mas sim o esforço cognitivo necessário para lembrá-lo, preocupar-se com ele e então encontrar tempo em sua agenda. Se você puder minimizar esse esforço preparatório, poderá conter o impacto da própria tarefa. Outras ideias se concentrarão em conter as tarefas ao impedir que elas cheguem às suas listas, em primeiro lugar. Em ambos os casos, o objetivo é limitar os danos.

A produtividade lenta exige que você se liberte das limitações das pequenas tarefas para que possa investir mais significativamente nas grandes. Este é um conflito desordenado e orientado por detalhes, travado em grande parte no campo de batalha das táticas e sistemas de produtividade tradicionais. Mas é uma batalha que deve ser travada se você espera, como Benjamin Franklin elogiou, tornar-se o dono do seu próprio tempo. Então, vamos começar...

COLOCAR TAREFAS NO PILOTO AUTOMÁTICO

Nos meus 20 e poucos anos, quando minha escrita era focada em conselhos para estudantes, eu costumava recomendar frequentemente uma estratégia organizacional chamada *cronograma de piloto automático*. A ideia era atribuir trabalhos acadêmicos regulares a horários determinados em dias específicos, e às vezes até locais específicos, por semana. Talvez você sempre leia literatura inglesa depois da aula das dez da manhã nas terças e quintas, usando a mesma mesa, no mesmo andar da mesma biblioteca. Essa estratégia funcionava porque contrapunha a tendência padrão de muitos estudantes de trabalhar apenas no que era urgente. Por exemplo, é raro o estudante de graduação que pensa espontaneamente: "Talvez eu deva começar a trabalhar nesses problemas com três dias de antecedência". Mas se essa tarefa está no seu cronograma de piloto automático para aquele dia, simplesmente trabalhará nela, sem muita consideração. "Uma vez que você chegue ao ponto em que seu trabalho regular está sendo feito sem se dar conta", escrevi em um dos meus primeiros artigos sobre esse tópico, "você alcançou aquele ponto ideal de baixo estresse, onde pode começar a voltar sua atenção para coisas maiores."

Posteriormente, quando parei de escrever sobre as questões estudantis, o cronograma de piloto automático foi ficando em segundo plano, à medida que passei a me concentrar em ferramentas mais específicas para o ambiente de trabalho, como o bloqueio do tempo e os protocolos de e-mail. Recentemente, no entanto, à medida que as demandas administrativas do meu trabalho começaram a aumentar, voltei a experimentar essa estratégia. No contexto do trabalho intelectual, ao que parece, os cronogramas de piloto automático oferecem um meio eficaz para se conter as tarefas. Em vez de definir horários regulares a cada semana para concluir tarefas de estudo, você pode definir horários para realizar categorias específicas de tarefas que aconteçam com regularidade. Um freelancer, por exemplo, pode agendar o envio de notas fiscais para segunda-feira de manhã, enquanto uma professora pode agendar a revisão de relatórios para as sextas-feiras, logo após o almoço. Uma vez que você se acostume a realizar um tipo específico de tarefa nos mesmos horários, nos mesmos dias, o esforço necessário para sua execução despenca.

Uma melhoria crucial para sustentar essa versão centrada nas tarefas em cronograma de piloto automático é aproveitar rituais e locais. Se você puder conectar um bloco de tarefas recorrentes a um local específico, talvez emparelhado com um pequeno ritual que ajude a iniciar seus esforços, é mais provável que entre em um ritmo regular para realizar esse trabalho. Voltando ao nosso exemplo da professora, talvez às sextas-feiras ela planeje sempre almoçar no mesmo refeitório no centro estudantil e, depois de terminar, caminhar pelo gramado do campus (um ritual) até a mesma pequena biblioteca (local), onde se senta e trabalha em seus relatórios. Talvez, depois de terminar, ela volte ao centro estudantil para pegar um café e levar de volta ao escritório (outro ritual). Essa combinação de ritual e localização torna mais provável que nossa professora hipotética realmente revise esses relatórios, semana após semana, sem precisar pensar muito sobre isso.

Eu recomendo colocar o máximo possível de categorias de tarefas regulares em um cronograma de piloto automático cada vez mais elaborado: quando você revisa solicitações de clientes; quando verifica os contratados que estão atualizando seu site; quando se prepara para reuniões; quando lê e-mails ou atualiza sites de gerenciamento de projetos. Conter tarefas não é escapar do trivial. Diferentemente, trata-se de tornar esses esforços o mais indolores possível, buscando, como já citei, o tal "ponto ideal de baixo estresse".

SINCRONIZAR

No outono de 2020, publiquei um artigo pelo *The New Yorker* intitulado "The Rise and Fall of Getting Things Done". Começava com a história de Merlin Mann, um web designer e gerente de projetos freelancer que, no início dos anos 2000, sentia-se cada vez mais sobrecarregado pelo trabalho. Foi nesse ponto que ele descobriu a metodologia *Getting Things Done* (GTD) de David Allen. A abordagem sistemática de Allen para organizar listas extensas de tarefas era exatamente o que Mann sentia que precisava. Ele começou um blog chamado *43 Folders* — uma referência à técnica descrita por Allen — para catalogar seu crescente entusiasmo pelo sistema.* "Acredite em mim, se você sempre chora pelo leite derramado", Mann escreveu em um primeiro post, "o sistema GTD pode ser o que você precisa para colocar as coisas de volta nos eixos".

O *43 Folders* se tornou um dos blogs de produtividade mais populares da internet, levando Mann a largar seu emprego como gerente de projetos para trabalhar com o blog em tempo integral. No entanto, o que torna sua história interessante não é apenas seu sucesso, mas também sua queda subsequente. Aproximadamente três anos após começar o *43 Folders*, Mann ficou desiludido com as promessas de sistemas, como o GTD, de transformar o trabalho. Esses truques de produtividade acabaram não fazendo com que ele se sentisse "mais competente, estável e vivo", escreveu ele. Ele reposicionou o blog para longe da produtividade

* A técnica era uma estratégia analógica de organização popularizada por David Allen, mas não inventada por ele. A ideia é ter uma pasta para cada dia do mês atual, bem como uma pasta para cada um dos meses restantes. Você pode então arquivar os documentos relevantes no dia do mês atual em que precisar deles, ou, se não precisar deles até mais tarde, na pasta do mês em que voltará a eles. O sistema requer 31 pastas de dia e 12 pastas de mês, totalizando 43 pastas no total

pura e em direção ao objetivo mais vago de produzir um trabalho com mais criatividade, até parar de postar completamente.

Há muitas explicações para a desilusão de Mann com sistemas de gestão de tarefas detalhados como o GTD. A causa que quero destacar aqui é talvez a mais fundamental: os sistemas não funcionaram. Para ser justo, não foram totalmente ineficazes. Transferir obrigações que estão na sua cabeça para sistemas confiáveis — o fundamento do GTD — *vai* te deixar menos ansioso e mais organizado. Quando entrevistei Mann, por exemplo, ele me disse que ainda confia em ideias inspiradas no GTD para gerenciar as tarefas domésticas, enfatizando que não queria desperdiçar nem um pouco de energia mental tentando se lembrar de limpar a caixa de areia do gato.

Mas sistemas como o GTD, embora úteis, não foram capazes de resolver de fato os problemas de ansiedade causados pela sobrecarga que passaram a afligir os trabalhadores do conhecimento, como Mann, nas últimas décadas. O problema com o GTD é que ele se concentra demais em tarefas isoladas. No sistema de Allen, as obrigações viram "ações seguintes" bem definidas, adicionadas a longas listas categorizadas por diferentes "contextos" de trabalho. A pessoa só precisa consultar a lista do contexto atual e sair completando as ações uma a uma.

A partir de 1990, porém, grande parte da atividade que começou a tomar conta da atenção de profissionais do conhecimento como Mann não era a execução de tarefas isoladas, mas, sim, a interação dessas tarefas com outras pessoas. A introdução dos computadores pessoais, seguida das ferramentas de comunicação eletrônica, como o e-mail, transformou a colaboração no escritório em um mercado caótico e contínuo de ida e volta de mensagens assíncronas. Um colega pede para você cuidar de algo, você responde para esclarecer o que ele quer, então escreve para outro colega para reunir as informações necessárias, mas com base na resposta, percebe que não entende completamente a tarefa, então envia uma nova mensagem para o solicitante original, e assim por diante. Multiplique essas interações demoradas por dezenas de bate-papos abertos simultaneamente, e logo estará gastando a maior parte do tempo gerenciando conversas, e não executando tarefas individuais. As listas cuidadosamente organizadas de David Allen não ajudam o gerente de projeto que precisa responder a dezenas de e-mails por hora.

Adotando a perspectiva da produtividade lenta, no entanto, temos uma notícia boa e outra ruim nisso. Se grande parte da sua sensação de estar ocupado vem de falar sobre tarefas em vez de realmente executá-las, você pode estar menos sobrecarregado do que imagina. Em outras palavras, se você pode reduzir o volume de conversas, a pilha de coisas concretas que restam pode não ser tão assustadora.

Uma estratégia direta para reduzir o excesso de colaboração é substituir a comunicação assíncrona por conversas em tempo real. Pense no exemplo anterior em que um pedido ambíguo de um colega resultou em uma longa sequência de mensagens entre três pessoas diferentes. Se as três pessoas estivessem na mesma sala ou videochamada ao mesmo tempo, a tarefa poderia ser esclarecida perfeitamente em apenas alguns minutos. Organizar essas conversas, no entanto, é complicado. Há um motivo pelo qual o ditado *essa reunião poderia ter sido um e-mail* se tornou um meme tão popular no ambiente de trabalho nos últimos anos. Se toda tarefa gerar sua própria reunião, você acabará trocando uma caixa de entrada lotada por um calendário repleto de compromissos — indiscutivelmente, um destino igualmente ruim.

O equilíbrio ideal pode ser encontrado usando o recurso de "horário de atendimento": sessões regulares e previamente agendadas para discussões rápidas que podem ser usadas para resolver diversos tipos de problemas. Reserve de trinta a sessenta minutos todas as tardes e divulgue esse horário para seus colegas e clientes. Deixe claro que você está sempre disponível durante esse período — sua porta estará aberta, o Zoom ativado, canais de bate-papo online e telefone ligado — para conversar sobre qualquer dúvida ou solicitação relevante. Se alguém lhe enviar uma mensagem ambígua, em vez de permitir que ela instigue mais uma sequência prolongada de mensagens confusas, responda: "Fico feliz em ajudar! Me encontre em algum dos meus próximos horários de atendimento e resolveremos os detalhes".

Essa abordagem também pode ser adaptada para equipes em um tipo de estratégia que chamo de "reuniões de alinhamento". Assim como o horário de atendimento, essas reuniões acontecem nos mesmos horários e dias da semana, mas toda a sua equipe participará. Durante essas sessões, a equipe analisa todas as tarefas pendentes que precisam de ajuda ou esclarecimento. O grupo avança pelas tarefas, uma de cada vez, definindo para cada uma o que exatamente precisa ser feito, quem está trabalhando nela e quais informações precisam checar com outras pessoas. Uma maneira fácil de organizar essas sessões é ter um documento de tarefas compartilhável. Os membros da equipe podem adicionar itens à lista à medida que surgem entre as reuniões. Uma reunião de alinhamento de trinta minutos pode poupar a equipe de horas de e-mails desnecessários e cansativos.

É difícil expressar a sensação de alívio proporcionada por esses dois métodos simples de sincronização. Quando você separa o trabalho das conversas aleatórias que o cercam, o que resta pode não ser tão intimidador. Merlin Mann descobriu que mesmo sistemas de gerenciamento de tarefas altamente técnicos não conseguiam eliminar a sensação de sobrecarga que aflige cada vez mais os trabalhadores de escritório do século XXI. A cura não está em sistemas de tarefas mais inteligentes, mas em um retorno a algo mais simples e humano: a conversa cotidiana.

FAÇA OUTRAS PESSOAS TRABALHAREM MAIS

Em outro artigo publicado pela *New Yorker* no início de 2022 com o tema produtividade, fiz uma crítica à falta de regras ou sistemas no modo como as tarefas são identificadas e atribuídas na maior parte da área do conhecimento. As pessoas abrem a caixa de entrada, mandam convites de reunião e tocam o barco: todo mundo jogando novas solicitações e perguntas para cima dos outros.

Enquanto escrevia este artigo, fiquei preocupado que as pessoas estivessem tão acostumadas a essa cultura que teriam dificuldades para aceitar a ideia de que alternativas sequer existissem. Então, decidi inserir no texto uma sugestão propositalmente exagerada. Meu objetivo era irritar o leitor, fazê-lo reagir com desdém: "Isso nunca funcionaria" —, assim, no processo de se convencer de que minha sugestão era absurda, talvez ele questionasse o status quo.

Aqui está o que eu escrevi:

> Imagine que todos da sua equipe reservem uma hora por dia para concluir pequenas tarefas e responder a perguntas rápidas. Pense também que cada um publica em um documento compartilhado uma planilha com as atividades do dia, com um número limita-

> do de entradas. Se você quiser que alguém da equipe lhe informe, por exemplo, a disponibilidade para uma próxima visita do cliente, deverá encontrar um horário livre para registrar essa solicitação. Então ele visualizará a solicitação e lhe dará uma resposta sobre a agenda daquele dia, liberando-o do fardo de ter que gerenciar todas essas obrigações em uma pilha única de urgências desorganizadas esmagadora.

Parte do que torna este experimento mental satisfatório, é que ele diminui a desigualdade desconfortável que normalmente existe na distribuição de tarefas. Em vez de permitir que seus colegas joguem solicitações na sua direção como granadas, deixando você lidar com a bagunça causada pelos estilhaços que acabam com a produtividade, eles agora precisam fazer mais trabalho por conta própria antes de poderem chamar sua atenção.

Em geral, estratégias que exigem que as pessoas se esforcem mais podem ser eficazes para conter tarefas. Considere, por exemplo, uma versão mais palatável da minha sugestão no *New Yorker*, que eu chamo de lista de tarefas reversa. Funciona da seguinte forma: crie uma lista de tarefas pública para cada uma das principais categorias de tarefas que você realiza no seu trabalho. Você pode usar um documento compartilhado para isso (se quiser, um template compartilhado no Trello talvez seja ainda melhor). Quando alguém pedir que você assuma uma pequena obrigação, oriente essa pessoa a adicionar isso à lista de tarefas relevantes ela mesma, no espaço compartilhado. É fundamental deixar claro que *todas* as informações necessárias para concluir a tarefa devem ser incluídas na entrada feita por eles.

Listas de tarefas reversas fazem com que as pessoas passem mais tempo especificando exatamente o que precisam de você, simplificando a execução posterior de suas solicitações. Você também pode usar essas listas públicas para manter as pessoas atualizadas sobre o status das tarefas que está realizando, evitando que elas precisem incomodá-lo com mensagens do tipo "como está indo tal coisa?" Por fim, essas listas comunicam claramente sua carga de trabalho atual. Se um colega encontrar uma lista de tarefas reversa lotada, ele pode pensar duas vezes antes de lhe dar algo novo para fazer.

Outra estratégia nesse sentido é introduzir processos que exijam que seus colegas ou clientes façam mais do trabalho associado a uma determinada tarefa. Imagine que você é um gerente de escritório encarregado de apoiar uma equipe em uma empresa de consultoria. Uma tarefa comum que você pode enfrentar é aprovar os formulários de reembolso de viagem dos membros da sua equipe. A abordagem padrão para realizar essa tarefa pode ser pedir que eles enviem os formulários que precisam ser aprovados por e-mail, deixando para você a tarefa de imprimir, assinar, digitalizar e, em seguida, enviá-los ao departamento financeiro para processamento.

Uma alternativa é criar um processo personalizado que exija que sua equipe faça (um pouco) mais desse trabalho antes de te envolver. Por exemplo, você pode colocar suas caixinhas de correspondência do lado de fora da porta do seu escritório: uma para novos formulários e outra para formulários assinados. Um membro da equipe que precisa de um pedido de reembolso assinado deve imprimi-lo e colocá-lo na primeira caixinha organizadora. Nas manhãs de quinta-feira, você verifica os formulários desta primeira caixa, assina-os e move-os para a caixa ao lado. Agora, é responsabilidade dos indivíduos relevantes voltar ao seu escritório, coletar os formulários assinados, digitalizá-los e enviá-los, copiando-o na mensagem para que você tenha um registro. Do ponto de vista daqueles que solicitam o reembolso, esse processo adiciona uma pequena quantidade de trabalho extra às suas vidas, mas não o suficiente para que notem ou realmente se importem — já que cada indivíduo envia esses pedidos apenas ocasionalmente. Na verdade, eles podem até gostar que haja uma política clara para isso. Você, como gerente, no entanto, reduziu significativamente o trabalho de processar dezenas dessas solicitações recebidas a cada mês.

No início, essas estratégias para alinhar melhor as atribuições de tarefas podem parecer indulgentes. Você até pode se preocupar que outros se ofendam com sua ousadia. Na realidade, no entanto, se você for diplomático em suas palavras e humilde, pode introduzir esses sistemas sem atrair muita ira. Seus colegas podem até apreciar a nova estrutura, pois ela fornece clareza sobre como ou quando o trabalho solicitado será de fato realizado.

Em geral, na maioria das vezes as pessoas estão muito focadas em seus próprios problemas para se importarem com a forma com que você está resolvendo os seus. Você se lembra da sugestão deliberadamente provocativa do meu artigo na *New Yorker*? Que fiz de propósito para gerar incredulidade e fazer a cabeça dos meus leitores balançarem em negação? Nenhuma pessoa sequer me escreveu para dizer que eu estava indo longe demais. Talvez tenha sido menos radical do que presumi.

EVITE MECANISMOS DE TAREFAS

É natural focar administrar a pilha de tarefas que você já acumulou. No entanto, estratégias de contenção igualmente eficazes podem ser encontradas em etapas anteriores do seu fluxo de trabalho, antes mesmo que obrigações sejam geradas. A estratégia a seguir, por exemplo, pode ser surpreendentemente eficaz na redução da sua carga de tarefas: ao selecionar novos projetos, avalie suas opções pelo número de solicitações semanais, perguntas ou pequenas tarefas que você espera que o projeto gere. Priorize opções que minimizem isso. A maioria das pessoas foca a dificuldade de um projeto ou a quantidade total de tempo que ele pode exigir. Mas, uma vez que você entenda o estrago causado por uma lista de afazeres superlotada, faz sentido levar a sério a quantidade de tarefas que um projeto pode gerar.

Para exemplificar, imagine um diretor de vendas tentando decidir entre dois projetos: escrever um relatório detalhado sobre como uma nova tecnologia afetará o mercado ou organizar uma conferência de um dia para clientes. À primeira vista, a conferência parece uma escolha atraente. Por um lado, há uma data definitiva para o evento, após a qual estará concluído, enquanto o relatório pode exigir muitas semanas de trabalho para ser finalizado. Organizar a conferência também é mais simples no sentido de que não exige um pensamento profundo, enquanto o relatório exigirá o domínio de informações complexas e o desenvolvimento de previsões confiáveis.

Ainda assim, nesse cenário, eu definitivamente escolheria a opção do relatório por uma razão simples: gerará muito menos tarefas. Organizar a conferência exigirá uma coordenação interminável com diferentes clientes, além da necessidade de organizar aluguéis de salas e procurar palestrantes especializados, sem mencionar o incômodo de organizar algum tipo de refeição para os participantes, logísticas, e assim por diante. Haverá problemas de última hora para resolver e inúmeras trocas de mensagens — cada obrigação exigindo uma parte da sua energia mental. Em outras palavras, a conferência é um *gerador de tarefas* — um excelente gerador de inúmeras coisinhas urgentes para se fazer.

O relatório, por outro lado, gera um tipo diferente de investimento de energia. Ele exigirá blocos longos e regulares de tempo nos quais você deve reunir dados, processá-los e refletir sobre o que significam. Será mentalmente exigente e talvez até tedioso. Mas gerará pouquíssimas pequenas tarefas urgentes e, portanto, terá poucas demandas sobre sua atenção fora dos blocos de tempo que você já reservou para trabalhar nele. Escrever o relatório pode não ser fácil, mas a decisão de escolhê-lo, em vez do gerador de tarefas representado pela organização de um evento, pode ser mais eficaz.

GASTE DINHEIRO

Como parte da nossa discussão sobre limitar grandes compromissos de trabalho, apresentei anteriormente minha amiga Jenny Blake, que reduziu drasticamente suas mais de dez fontes de renda, decidindo ficar apenas com algumas delas. Outra coisa que chamou minha atenção sobre Jenny era o orgulho que ela demonstrava por ter assinaturas profissionais de softwares. Como escreve em seu livro *Free Time*, um dos passos que ela deu para reconfigurar seu negócio em direção a um modelo de produtividade mais lento foi gastar mais dinheiro em "profissionalizar" os serviços de software úteis, em vez de, como ela colocou, "extrair tudo o que podia de suas edições gratuitas".

Jenny me enviou uma planilha de todas as assinaturas de software de seu negócio, incluindo o custo mensal de cada uma. Ela não estava de brincadeira. A planilha incluía mais de cinquenta serviços pagos, desde o Calendly até o DocuSign e a versão profissional do Zoom, totalizando aproximadamente 2.400 dólares por mês em taxas de assinatura. No entanto, há uma boa razão para esse gasto: esses serviços de software profissional eliminam ou simplificam o trabalho administrativo. Em outras palavras, Jenny está investindo dinheiro para reduzir seriamente sua lista de tarefas.

No contexto da produtividade lenta, investimentos desse tipo fazem muito sentido. Quanto mais você consegue manejar os pequenos compromissos que disputam sua atenção, mais pode trabalhar nas coisas que importam de maneira sustentável e eficaz. Existem, é claro, muitas outras opções além de serviços de software para reduzir sua lista de tarefas. Conheço muitos empresários que recuperam uma quantidade substancial de tempo ao contratar e treinar "gerentes de operações" para assumir mais detalhes diários de administração de seus negócios. Eu não conseguiria encaixar meu podcast em minha agenda, por exemplo, se não fosse pelo produtor que contratei para ir ao meu estúdio nos dias de gravação e cuidar de todos os detalhes relacionados ao lançamento de cada episódio semanal. Eu poderia fazer todo esse trabalho sozinho, e de fato fazia no início do programa. Mas aprendi com a experiência que o número de detalhes irritantes que isso gera é suficientemente alto que, se tivesse que continuar lidando com isso sozinho, provavelmente teria desistido do programa.

Contratar prestadores de serviços é outro investimento eficaz para conter suas listas de tarefas. Voltando ao meu próprio exemplo, pago um contador para gerenciar os *royalties* dos meus livros, uma agência profissional para lidar com tudo relacionado à publicidade do meu podcast, um consultor de web para manter todos os meus ativos online funcionando sem problemas, e um advogado para responder às muitas pequenas perguntas que surgem no curso normal da administração do meu negócio relacionado à escrita. Todo empreendedor eficaz que conheço compartilha um compromisso semelhante de pagar especialistas em determinadas áreas para que não tenham que fazer o trabalho sozinho, nem em um nível mais baixo de qualidade.

No curto prazo, tudo isso custa dinheiro. Se sua empresa é nova ou sua renda ainda é modesta, pode ser negativo ver uma porcentagem considerável dos ganhos sair pela janela. Mas, a longo prazo, essa transferência de pequenas tarefas pode proporcionar o espaço mental necessário para fazer grandes avanços e produzir o tipo de valor que tornarão esses gastos mensais repentinamente triviais em relação ao seu escopo. Não gaste mais do que pode pagar. Mas reconheça que um praticante de produtividade lenta não pode se dar ao luxo de não gastar nada.

Interlúdio: E Quanto aos Pais Sobrecarregados?

Brigid Schulte, uma jornalista e mãe de dois filhos, resume sua experiência sendo mãe e profissional, no seu livro publicado no início de 2014, *Sobrecarregados: Trabalho, amor e lazer quando ninguém tem tempo*:

> Eu assei cupcakes para o Dia dos Namorados até as duas da manhã e terminei de escrever minha matéria às quatro, quando tudo era silêncio e finalmente tive tempo ininterrupto para me concentrar. Realizei entrevistas sentada no chão do corredor do consultório do dentista dos meus filhos, torcendo para soar profissional. Sempre tem algum eletrodoméstico quebrado. Minha lista de tarefas nunca termina. Ainda não fiz um orçamento familiar, apesar de planejar resolver isso há uns vinte anos. A pilha de roupas sujas está tão grande e bagunçada que minha filha resolveu dar um mergulho nela.

Em teoria, o primeiro princípio da produtividade lenta oferece conselhos profissionais. Trabalhar em menos coisas paradoxalmente pode produzir *mais* valor a longo prazo: a sobrecarga gera uma quantidade insustentável de despesas não produtivas. Mas para pais que trabalham, como Brigid Schulte, o apelo para fazer menos coisas também ressoa em um nível mais pessoal. Um dos efeitos colaterais mais insidiosos da pseudoprodutividade no setor do conhecimento é a maneira como obriga os indivíduos a gerenciar tensões entre trabalho e vida pessoal sozinhos. Se você trabalha em uma fábrica e seu empregador quer que você trabalhe doze horas por dia, essa exigência será claramente especificada em um contrato de trabalho, de maneira clara e que pode ser apontada e discutida. Seu sindicato pode reagir. Contrapropostas concretas podem ser feitas. Se necessário, talvez a legislação possa ser aprovada, como a lei trabalhista de 1938, que exigia pagamento extra quando o trabalhador atuava além das quarenta horas semanais.

Em contraste, sob um regime de pseudoprodutividade, essas demandas são mais implícitas e autorreforçadas. Você é avaliado com base na quantidade total de trabalho que visivelmente enfrenta a partir de uma oferta interminável de tarefas, mas ninguém vai te dizer especificamente quanto é o suficiente — isso depende de você. *Boa sorte!* Essa realidade requer dos pais — e mais especificamente das mães, que muitas vezes carregam mais esses encargos domésticos do que seus parceiros — a renegociar para si mesmos, dia após dia, a batalha entre as demandas do emprego e da família. Este é um processo que se desenrola como milhares de decisões e compromissos dolorosos, e cada um aparentemente acaba decepcionando alguém, até você se ver escrevendo às 4 horas da manhã ao lado de uma pilha de roupas sujas. Em uma anedota particularmente desoladora (e angustiantemente familiar) de *Sobrecarregados*, a filha de Schulte reclama sobre quanto tempo sua mãe passa no computador. Ela diz a Schulte que, quando crescer, quer ser professora, explicando: "porque pelo menos poderei passar mais tempo com meus filhos".

Mas os pais não são os únicos que sofrem com a tensão entre trabalho e vida pessoal gerada pela pseudoprodutividade. Para alguém que cuida de um parente doente, ou lida com sua própria doença, ou que está enfrentando uma série de eventos que perturbam a vida, a demanda para provar seu valor por meio de atividade visível produz uma turbulência interna semelhante. Um exemplo muito amplo dessa dinâmica veio da pandemia de Covid-19, que atuou como um poderoso acelerador para o crescente movimento antiprodutividade, em parte devido à forma como a lógica da pseudoprodutividade exigia que os trabalhadores do conhecimento continuassem sua dança frenética de ocupação eletrônica mesmo quando o mundo parecia estar acabando. O que era necessário era tempo e espaço para se ajustar e lamentar. Em vez disso, o que foi providenciado foram contas no Zoom e exortações animadas por e-mail para "nos mantermos produtivos". Isso foi enlouquecedor.

Este capítulo detalha sugestões práticas para ajudá-lo a reduzir sua carga profissional de trabalho. Essas sugestões, que estão repletas de estratégias e especificidades, reforçam o pragmatismo econômico que abriu nossa discussão sobre este princípio. Fazer menos pode, de fato, levar a mais. No entanto, achei importante fazer uma pausa nessa discussão sensata para reconhecer o lado mais bagunçado e humano dessa ideia. Para muitos, fazer menos tarefas pode não apenas melhorar sua produtividade, mas também proporcionar um alívio necessário de uma relação estressante e insustentável com seu trabalho. Estar sobrecarregado não é apenas ineficiente; para muitos, pode ser de fato desumano.

Essa realidade deve motivar aqueles que se encontram nessa posição a abraçar com entusiasmo as estratégias discutidas neste capítulo. Evitar projetos que geram tarefas excessivas ou gastar mais dinheiro para terceirizar trabalhos repetitivos não é algum tipo de artimanha desonesta que você espera que seu empregador ou clientes não percebam. Se o seu trabalho, como tantos na era da pseudoprodutividade, deixa a você a responsabilidade de gerenciar sua própria carga, então você tem todo o direito de enfrentar esse desafio com intenção e determinação. Esse primeiro princípio da produtividade lenta não é apenas uma maneira mais eficaz de organizar o trabalho; também oferece uma resposta para aqueles que sentem que o trabalho está corroendo todos os outros aspectos de sua existência.

Proposta: Estratégia de *Puxar no Lugar de Empurrar*

Durante meus primeiros anos como estudante de doutorado no MIT, na minha caminhada matinal da estação de metrô Kendall até meu escritório, eu passava por um canteiro de obras onde um elegante prédio de fachada de vidro surgia lentamente. Era a nova sede do Broad Institute, uma *joint venture* entre o MIT e Harvard, que havia sido recentemente lançada com grande alarde, graças a uma doação inicial de 100 milhões de dólares de seus benfeitores, Eli e Edythe Broad. Eu sabia vagamente que o instituto estava realizando pesquisas de ponta no campo emergente da genômica. Também sabia que era considerado algo de grande importância. O que eu demorei para descobrir, no entanto, foi que, por trás de todo aquele vidro, muitos dos que trabalhavam no Broad Institute estavam lutando para dar conta de suas tarefas.

De acordo com um estudo de caso da *MIT Sloan Management Review* intitulado "Breaking Logjams in Knowledge Work" ["Desbloqueando Gargalos no Trabalho do Conhecimento", em tradução livre], o problema começou com a linha de sequenciamento genético. Um dos principais serviços oferecidos pelo Broad Institute era a capacidade de processar amostras enviadas por cientistas do mundo todo. Essas amostras passavam por uma série de estágios, como estações em uma linha de montagem, onde eram preparadas para análise nas enormes máquinas de sequenciamento do Broad. O resultado de todo esse trabalho químico era um relatório do código genético subjacente da amostra.

Conforme detalham os autores do artigo, não demorou muito para que essa linha de montagem começasse a falhar. Os técnicos responsáveis por cada estágio do processo recorreram a uma estratégia de *empurrar*, na qual processavam as amostras recebidas o mais rápido possível, empurrando-as para o estágio seguinte assim que concluíam o trabalho. No entanto, nem todos os estágios levavam o mesmo tempo para serem concluídos. Os estágios mais lentos logo enfrentaram grandes filas de amostras a serem processadas, o que gerou problemas. "As [filas de espera] continuaram a crescer, ultrapassando muito qualquer nível ótimo", explicam os autores. "Quando alguém precisava de uma amostra específica, poderia levar dois dias para encontrá-la. Gerenciar o congestionamento e a confusão resultantes ocupava uma parte cada vez maior do tempo da equipe de liderança." O tempo médio entre a chegada de uma amostra e a devolução de sua sequência aumentou para 120 dias. Cientistas frustrados começaram a enviar suas amostras para outros laboratórios.

A solução que o Broad Institute encontrou não foi nova, mas sim uma adaptação de uma técnica comum no mundo da manufatura industrial: mudar o fluxo do seu processo de sequenciamento genético de uma abordagem de *empurrar* para *puxar*. Em um processo baseado em empurrar, cada estágio *empurra* o trabalho para o próximo assim que é concluído. Em contraste, em um processo de puxar, cada estágio puxa novos trabalhos apenas quando está pronto para isso. No Broad, essa metodologia de "puxar" foi implementada de maneira simples. Cada estágio mantinha uma bandeja para colocar as amostras concluídas. O estágio seguinte puxava novas amostras dessa mesma bandeja. Se a bandeja de saída de um determinado estágio começasse a encher, os técnicos desse estágio diminuíam o ritmo de trabalho. Em alguns casos, eles até ofereciam ajuda aos técnicos do próximo estágio para auxiliá-los a recuperar o atraso.

A mudança para uma operação baseada em *puxar* tornou os acúmulos impossíveis: o ritmo da linha de produção se adaptaria ao estágio que estivesse mais lento. Essa transparência, por sua vez, ajudou os trabalhadores a identificar os pontos em que o sistema estava desequilibrado. "Uma caixa "*puxar*" sempre cheia significa que ou a tarefa subsequente está avançando muito lentamente ou a tarefa anterior está indo muito rápido", escrevem os autores. "Uma caixa *puxar* vazia no final do dia significa que algo está errado com a operação que a alimenta." As melhorias resultantes dessa abordagem foram quantificáveis. A taxa de uso das caras máquinas de sequenciamento do instituto mais do que dobrou, enquanto o tempo médio para processar cada amostra caiu mais de 85%.

No Broad Institute, a solução para a sobrecarga no processo de sequenciamento genético foi mudar de um modelo de *empurrar* para um modelo de *puxar*. Será que essa mesma solução pode ser aplicada ao trabalhador do conhecimento frustrado e sobrecarregado por muitos e-mails e solicitações de projetos? Fascinantemente, os autores do artigo no *Management Review* oferecem insights sobre essa pergunta. Acontece que, após testemunhar a transformação da linha de sequenciamento, o grupo de desenvolvimento de tecnologia do Broad, uma equipe de profissionais de TI encarregada de criar novas ferramentas digitais para ajudar os cientistas, decidiu que eles também experimentariam um fluxo de trabalho baseado na estratégia *puxar*.

Assim como os que trabalhavam no sequenciamento, o grupo de tecnologia também estava atormentado com os atrasos. "O grupo tinha mais ideias de desenvolvimento tecnológico do que conseguia de fato trabalhar, e muitos mais projetos em andamento do que sua sobrecarregada equipe de operações poderia implementar", explicam os autores. Qualquer engenheiro poderia dar ideias novas a qualquer momento e, como os engenheiros eram inteligentes, eles surgiam sempre com muitas ideias. O sistema logo ficou atolado pela própria ambição demasiada. Se um projeto fosse considerado particularmente vital, seria *acelerado*, fazendo com que a equipe "largasse tudo e apagasse o novo incêndio". Os engenheiros se viam equilibrando freneticamente mais projetos do que conseguiam administrar, com novas prioridades chegando constantemente e demandas por sua atenção mudando de modo imprevisível.

Para resolver esses problemas, o grupo decidiu mudar o processo pelo qual o trabalho era atribuído. Assim como na recém-melhorada linha de sequenciamento, eles queriam fazer a transição de um sistema em que novas tarefas podiam ser empurradas aleatoriamente para um sistema em que eles puxariam novos trabalhos apenas quando estivessem prontos para isso. Para alcançar esse objetivo, eles esboçaram um diagrama em um espaço não utilizado na parede, que incluía uma caixa para cada etapa do processo, começando com a ideia inicial e continuando até os testes e a implementação. Projetos específicos eram representados por notas adesivas coladas na parede, na caixa correspondente à etapa atual desse processo. Cada uma dessas notas estava rotulada com os nomes dos engenheiros que estavam trabalhando nelas, deixando claro exatamente o que cada um estava fazendo no momento.

O grupo todo se reunia semanalmente para discutir o status de cada nota adesiva colada na parede. Se um projeto estivesse pronto para avançar para a próxima etapa, o líder da equipe precisaria identificar engenheiros com capacidade disponível suficiente para assumi-lo. Seus nomes seriam adicionados à nota, que então seria movida para a próxima caixa. Da mesma forma, ficava fácil notar se um projeto estava enfrentando dificuldades, pois sua nota pararia de avançar. Nesse ponto, engenheiros disponíveis poderiam ser adicionados, ou poderiam tomar a decisão de encerrar o projeto. A chave para esse sistema é que ele impedia que uma quantidade ilimitada de trabalho fosse empurrada para qualquer pessoa. Um engenheiro só podia *assumir* um novo trabalho se tivesse capacidade disponível suficiente, um status que era fácil de se determinar ao verificar com que frequência seu nome aparecia na parede. Deixou de existir sobrecarga. Não surpreendentemente, após a mudança para essa estratégia de *puxar* mais estruturada, o número total de projetos em andamento no grupo de desenvolvimento de tecnologia caiu quase 50%, enquanto a taxa de conclusão de projetos aumentou significativamente.

Inspirado por este artigo, fiquei convencido nos últimos anos de que os fluxos de trabalho de *puxar* são uma ferramenta poderosa para se evitar a sobrecarga no ambiente de trabalho do conhecimento. Se você está em uma posição em que pode mudar a maneira como sua empresa ou equipe organiza seu trabalho, adotar uma estratégia semelhante à implementada pelo grupo de desenvolvimento de tecnologia no Broad Institute pode gerar ótimos retornos. Além de sua organização concluir projetos de maneira mais rápida, os membros de sua equipe desfrutarão da recém-descoberta liberdade de não terem tarefas excessivas para realizar.

A situação se torna mais complicada, no entanto, quando voltamos nossa atenção para indivíduos sem controle direto sobre a atribuição do seu trabalho. Talvez você seja empregado por uma empresa que ainda dá muito valor à alta produtividade, ou você seja um empreendedor individual que lida com clientes que não estão interessados em aprender um novo sistema. Fluxos de trabalho aleatórios e baseados na estratégia de *empurrar* podem parecer inevitáveis para muitos que estão presos em tais ambientes, mas não precisam ser. É possível obter uma fração substancial das vantagens de uma abordagem de *puxar* mesmo quando você não tem controle total sobre seu ambiente de trabalho. A chave é *simular* um sistema de atribuição baseado numa abordagem de *puxar* de tal forma que as pessoas com quem você trabalha nem percebam que você está tentando algo novo.

O que segue é uma estratégia de três passos para se implementar um sistema de *puxar* simulado como um indivíduo sem controle sobre os hábitos de seus colegas ou clientes. Um sistema individualizado, é claro, não é tão eficaz quanto se todos estiverem alinhados em abandonar a estratégia contrária, mas ainda é muito melhor do que a resposta padrão de levantar as mãos e permitir que o trabalho seja lançado em sua direção de todas as formas, suspirando de frustração conforme sua bandeja de amostras metafórica começa a transbordar.

SIMULAÇÃO DE SISTEMA *PUXAR*, PARTE 1: EM ESPERA E ATIVOS

O primeiro passo para simular um fluxo de trabalho do sistema de *puxar* é rastrear todos os projetos com os quais você está atualmente comprometido em uma lista dividida em duas seções: "em espera" e "ativos" (o formato usado para armazenar esta lista não importa; você pode usar um arquivo de texto no seu computador, por exemplo, ou um caderno; o que achar mais fácil). Lembre-se, quando digo "projetos", estou me referindo a algo substancial o suficiente para exigir várias sessões para ser concluído (estratégias para se conter compromissos menores, que chamamos de "tarefas", foram discutidas na proposta anterior). Quando um novo projeto é empurrado em sua direção, coloque-o na seção de espera da sua lista. Não há limite para o tamanho da sua seção de espera.

A seção de projetos ativos da lista, por outro lado, deve ser limitada a três, no máximo. Ao planejar seu tempo, você deve focar sua atenção apenas nos projetos em sua lista de ativos. Quando você completar um desses projetos, pode removê-lo da sua lista. Isso deixa um espaço livre que você pode preencher *puxando* um novo projeto da seção de espera. Para projetos maiores, você pode preferir puxar para sua lista ativa uma parte razoável do trabalho. Por exemplo, se "escrever livro" estiver na sua seção de espera e um espaço livre se abrir na sua lista de projetos ativos, você pode puxar "escrever próximo capítulo do livro" como próximo trabalho. Nesse caso, o projeto maior, "escrever livro", permaneceria na seção de espera até ser completamente terminado.

Ao manter essas duas listas, você está simulando a dinâmica central de um fluxo de trabalho baseado no sistema de *puxar*. O número de coisas com as quais você está ativamente trabalhando é limitado a uma quantidade fixa e pequena, libertando-o de uma sensação de sobrecarga frenética e minimizando o ônus discutido anteriormente neste capítulo. O problema, é claro, é que os colegas ou clientes que estão empurrando projetos em sua direção não conhecem o seu sofisticado sistema e podem ficar frustrados com a falta de progresso visível em suas demandas. Para evitar uma enxurrada de cobranças incessantes, você precisa combinar suas listas com um procedimento inteligente de entrada. Este é o próximo passo que discutiremos.

SIMULAÇÃO DE SISTEMA *PUXAR*, PARTE 2: PROCEDIMENTO DE ADMISSÃO

Ao adicionar um novo projeto ao seu tanque de espera, é importante atualizar a fonte dessa nova demanda sobre o que ela deve esperar. Para fazer isso, envie uma *mensagem de confirmação* que formalmente reconheça o projeto ao qual você está se comprometendo, mas que também inclua as seguintes três informações adicionais: (1) um pedido de quaisquer detalhes adicionais que você precise da fonte antes de começar o projeto, (2) uma contagem do número de projetos existentes já em suas listas e (3) uma estimativa de quando você espera completar este novo trabalho

Após enviar esta mensagem, marque o projeto com a estimativa de tempo que você incluiu em sua mensagem de confirmação para que você não esqueça posteriormente. Observe que, ao fazer esta estimativa, você pode observar as estimativas de todos os seus projetos para conseguir fazer uma previsão realista.

Aqui está um exemplo de mensagem de confirmação:

> *Oi, Hasini.*
>
> *Gostaria de dar seguimento à nossa conversa desta manhã e confirmar que ficarei responsável por atualizar a seção de clientes do nosso site. Antes de começar, precisarei de uma lista dos elementos que você acha que a nova seção necessita (ou um link para o site de outra empresa que você acha que faz isso corretamente). No momento tenho outros onze projetos na fila antes deste. Com base nos meus compromissos com esses projetos existentes, minha melhor estimativa é que poderei começar isso em cerca de quatro semanas depois de obter as informações necessárias de você. Vou, é claro, atualizá-la se essa estimativa mudar.*
>
> *—Cal*

Se você se atrasar em um projeto, atualize sua estimativa e informe à pessoa que originalmente lhe enviou o trabalho sobre o atraso. A chave é a transparência. Seja claro sobre o que está acontecendo e cumpra suas promessas, mesmo que elas tenham que mudar. Nunca deixe um projeto de lado e espere que ele seja esquecido. Se seus colegas e clientes não confiarem em você para entregar, não vão parar de incomodá-lo. Essa observação é importante se você quiser ter sucesso com esse método. Muitas vezes, acreditamos que aqueles com quem trabalhamos se importam apenas em obter resultados o mais rápido possível. Mas isso não é verdade. Muitas vezes, o que eles realmente querem é a capacidade de delegar algo e não ter que se preocupar se será ou não realizado. Se eles confiarem em você, eles lhe darão liberdade para concluir as coisas em seus próprios termos. Em outras palavras, o alívio supera a rapidez.

Um benefício secundário de um bom procedimento de admissão é que ele muitas vezes leva as pessoas a retirarem suas solicitações. É comum, por exemplo, que um chefe tenha uma ideia repentina e a compartilhe com um funcionário. Quando essa solicitação é formalizada, no entanto, e o chefe percebe que precisa fornecer mais informações e é confrontado com a realidade da sua carga de trabalho atual, eles podem simplesmente responder: "Pensando melhor, vamos deixar isso para depois". Às vezes, um pouco de atrito é tudo o que é necessário para diminuir o volume de trabalho que chega.

SIMULAÇÃO DE SISTEMA DE *PUXAR*, PARTE 3: LIMPE A LISTA

Você deve atualizar e limpar suas listas uma vez por semana. Além de colocar novos trabalhos para preencher os espaços vazios na sua lista de projetos ativos, também deve revisar os prazos iminentes. Priorize o que está próximo do prazo limite e envie atualizações para qualquer trabalho que você saiba que não vai terminar na data prometida. Essas sessões de limpeza também trazem uma boa oportunidade para tirar da sua lista de espera projetos que estão parados. Se você vem adiando o mesmo projeto repetidamente, por exemplo, isso pode ser um sinal de que não está realmente preparado para lidar com ele. Nesses casos, considere simplesmente perguntar diretamente ao responsável pelo projeto se você pode ser liberado da sua obrigação:

> *Eu sei que disse que trabalharia na nova seção de clientes do nosso site, mas, como você sem dúvida percebeu, tenho adiado esse trabalho repetidamente. Acredito que isso seja um sinal de que eu não sei o suficiente sobre o que estamos tentando alcançar aqui para progredir. A menos que você discorde, gostaria de tirar isso da minha lista por enquanto. Acredito que provavelmente precisamos envolver a equipe de desenvolvimento de web para avançar nesse objetivo.*

Por fim, ao limpar suas listas, procure projetos que se tornaram redundantes ou obsoletos devido a desenvolvimentos subsequentes. Aquela página da web do cliente que você deveria atualizar, por exemplo, pode não ser mais relevante depois que seu chefe decide contratar uma empresa para redesenhar toda a presença corporativa online. Nestes casos, remova os projetos desatualizados de suas listas. Mas antes de fazer isso, envie uma breve nota avisando o autor original. Simular um fluxo de trabalho baseado na estratégia de *puxar* funciona apenas se você mantiver a transparência.

4 TRABALHE EM UM RITMO NATURAL

O Segundo Princípio da Produtividade Lenta

O insight veio de repente. Era verão de 2021, e eu estava de férias no Maine, sentado do lado de fora da nossa pequena casa alugada no Porto de Nova York. Estava lendo o monumental histórico de John Gribbin de 2002, *The Scientists*, que apresenta biografias concisas dos grandes teóricos e experimentalistas que criaram o empreendimento científico moderno. Durante a leitura, duas observações contraditórias, que ao mesmo tempo pareciam verdadeiras, chamaram a minha atenção. Esses grandes cientistas do passado eram claramente "produtivos" por definição. Como chamar de outra forma alguém que literalmente muda nossa compreensão do universo? Ao mesmo tempo, o *ritmo* em que eles trabalhavam em suas importantes descobertas parecia, pelos padrões modernos, inconstante, e até mesmo vagaroso.

Por exemplo, as ideias revolucionárias de Copérnico sobre o movimento planetário foram despertadas por um novo comentário sobre Ptolomeu publicado em 1496, que o jovem astrônomo leu aos 23 anos. No entanto, só em 1510 Copérnico começou a anotar suas teorias em um rascunho que compartilhou com amigos. Levou mais três décadas até que ele finalmente publicasse sua obra-prima, *As Revoluções dos Orbes Celestes*, para um público mais amplo. Tycho Brahe, cuja cuidadosa coleta de dados astronômicos estabeleceria a base para a aceitação final das teorias de Copérnico, também não foi mais rápido em seu trabalho. Suas observações clássicas sobre o brilhante cometa que cruzou os céus noturnos da Europa em 1577 não foram completamente analisadas e publicadas até 1588.

O surgimento da física também foi igualmente vagaroso. Galileu usou seu pulso para cronometrar a oscilação dos candelabros na Catedral de Pisa em 1584 ou 1585. No entanto, ele só conduziu os experimentos que levaram à identificação da lei do isocronismo em 1602. Isaac Newton começou a pensar seriamente sobre a gravidade no verão de 1655, depois de fugir da peste em Cambridge para o tranquilo interior de Lincolnshire. Foi só em 1670 que ele realmente compreendeu a lei do inverso do quadrado, e levou quinze anos mais para que ele finalmente publicasse suas teorias revolucionárias.*

Esse ritmo tranquilo não se restringiu aos homens do Renascimento. Se avançarmos para o verão de 1896, encontramos Marie Curie

* Como John Gribbin aponta, Newton, mais tarde em sua vida, divulgou a história da maçã caindo da árvore como uma forma de situar sua descoberta da Lei da Gravitação do Inverso do Quadrado já na visita inicial a Lincolnshire, em 1655. Isso foi marketing. Seus escritos do período deixam claro que essas ideias surgiram de forma mais gradual ao longo de vários anos, a partir de 1655. Para mais detalhes, consulte John Gribbin, *The Scientists: A History of Science Told through the Lives of Its Greatest Inventors* (Nova York: Random House Trade Paperbacks, 2004), 185–86.

imersa em uma série de experimentos sobre a *radioatividade* — um termo novo que ela havia cunhado a partir de amostras de *pechblenda*, uma variedade do minério uranita. Curie estava convencida de que a *pechblenda* continha um novo elemento intensamente ativo que ainda não havia sido identificado pela ciência. Isso era algo importante. Isolar e descrever um novo elemento desse tipo seria uma descoberta digna de um prêmio Nobel, que definiria sua carreira. Foi exatamente neste momento, à beira de todo o potencial, que Marie, junto com seu marido Pierre e sua filha recém-nascida, decidiu sair de seu modesto apartamento em Paris e tirar férias prolongadas no campo, onde, segundo a biografia escrita por sua filha Eve, "eles escalaram colinas, visitaram grutas, banharam-se em rios".

Enquanto ainda estava no Maine, naquele verão, escrevi um ensaio curto sobre essas observações, que intitulei "Sobre Ritmo e Produtividade". Neste texto, observei que, quando se trata de nossa compreensão de produtividade, *a escala de tempo é um fator importante.* Quando analisados na escala breve de dias e semanas, os esforços de pensadores históricos como Copérnico e Newton podem parecer irregulares e demorados. No entanto, quando vemos o que fizeram ao longo dos anos, seus trabalhos de repente se tornam inegavelmente e impressionantemente frutíferos. As férias no campo, em 1896, estavam longe de sua mente quando Marie Curie subiu ao palco em Estocolmo, sete anos depois, para receber o primeiro de seus dois Prêmios Nobel.

Desde que aquela ideia original se formou no Maine, desenvolvi minhas teorias sobre como o ritmo afeta nossa experiência nos esforços profissionais. No trabalho contemporâneo, ficou claro que tendemos a avaliar nossos esforços na escala rápida. Isso não é surpreendente. Como argumentei na primeira parte deste livro, quando o trabalho do conhecimento emergiu como um importante setor econômico no século XX, reagimos ao choque de toda essa novidade adaptando noções apressadas e industriais de produtividade. Como John Gribbin nos lembra, no entanto, essa não é a única forma de pensar sobre o ritmo do trabalho.

Os grandes cientistas das eras passadas teriam achado nossa urgência autoderrotista e frenética. Eles estavam interessados no que produziam ao longo de suas vidas, não em um período curto específico. Sem um gerente olhando por cima do ombro deles, ou clientes pressionando-os para responder aos e-mails, eles não sentiam o peso de estar completamente ocupados todos os dias. Ao invés disso, estavam confortáveis em dedicar mais tempo aos projetos e adotar um ritmo de trabalho mais variável e flexível. Curie não foi única em sua decisão de se retirar para um verão de reflexão e recarga. Galileu gostava de visitar uma vila de propriedade de seus amigos no campo perto de Pádua. Uma vez lá, ele fazia longas caminhadas pelas colinas e apreciava dormir em um quarto engenhosamente climatizado por uma série de dutos que traziam ar fresco de um sistema de cavernas próximo.* E Newton, é claro, dedicou muito tempo às suas visitas prolongadas a Lincolnshire, lar da famosa macieira.

Acima de tudo, esses cientistas tendiam a adotar uma perspectiva sobre seus esforços profissionais que era mais filosófica do que instru-

* Este sistema estava longe de ser perfeito. Como observa Gribbin, numa triste noite, gases nocivos provenientes do sistema de cavernas, conduzidos pelos dutos, causaram uma grave doença em Galileu e seus dois colegas de quarto, resultando na morte de um deles e afetando Galileu pelo resto de sua vida. (GRIBBIN, John. *The Scientists*. Nova York: Random House, 2004.)

mental. Em *Ética a Nicômaco*, que seria familiar a qualquer pensador sério da época de Copérnico adiante, Aristóteles identificou a contemplação profunda como a atividade mais humana e digna de todas. O estilo de vida geral do cientista, por essa lógica, tinha um valor próprio, independente de quaisquer realizações específicas no momento. Havia pouco valor em se apressar, já que o trabalho em si proporcionava recompensa. Essa mentalidade apoiava uma compreensão renascentista dos esforços profissionais como um elemento entre muitos que se combinam para criar uma existência florescente. "Além disso, Galileu tinha uma vida privada plena", escreve Gribbin. "Ele estudava literatura e poesia, frequentava regularmente o teatro e sempre tocou alaúde com maestria."

O segundo princípio da produtividade lenta argumenta que esses cientistas famosos estavam no caminho certo. Nossa tendência exaustiva de trabalhar sem parar, hora após hora, dia após dia, mês após mês, é mais arbitrária do que reconhecemos. É verdade que muitos de nós temos chefes ou clientes que fazem demandas, mas eles nem sempre ditam os detalhes de nossas agendas diárias — muitas vezes são nossas próprias ansiedades que mais desempenham o papel de cobradores. Sofremos com prazos excessivamente ambiciosos e cargas de trabalho mal gerenciadas devido a um desconforto fundamental com a ideia de nos afastarmos da exaustão entorpecedora da agitação incessante.

Esses cientistas apontam para uma abordagem alternativa para a organização do trabalho, na qual damos aos nossos esforços importantes mais espaço para respirar, permitindo que eles se desenvolvam por mais tempo e se desdobrem com níveis de intensidade que variam ao longo do tempo. Esta abordagem não apenas é mais sustentável e humana, podemos argumentar que também é a melhor estratégia a longo prazo para produzir resultados que realmente importam. No século XVI, a vida profissional de Galileu era mais tranquila e menos intensa do que a do trabalhador do conhecimento médio do século XXI. Ainda assim, ele conseguiu mudar o curso da história intelectual humana.

Podemos condensar essas ideias em um princípio pragmático da seguinte forma:

PRINCÍPIO #2: TRABALHE EM UM RITMO NATURAL

Não apresse o seu trabalho mais importante. Permita que ele se desenvolva em um cronograma sustentável, com variações de intensidade, em ambientes propícios à excelência.

Nas seções a seguir, aprofundarei meus argumentos a favor de se trabalhar em um ritmo mais calmo. Há uma razão, como veremos, pela qual todos esses cientistas convergiram para uma mesma abordagem, mais ponderada aos seus esforços: é muito mais natural do que a agitação homogeneizada que define o dia de trabalho moderno. Em seguida, passarei a uma série de proposições sobre como implementar especificamente este segundo princípio em sua própria vida profissional. É aqui que mergulharemos nos detalhes das heurísticas de cronograma inteligente e temporadas de tranquilidade simuladas. Mais importante do que essas sugestões específicas, no entanto, é a mensagem mais ampla capturada por este capítulo. A produtividade lenta rejeita enfaticamente as recompensas performáticas da urgência inabalável. Sempre haverá mais trabalho a fazer. Você deve dar a seus esforços o espaço e o respeito necessários para torná-los parte de uma vida bem vivida, não um obstáculo para ela.

Do Manual ao Automático; ou, Por que os Trabalhadores do Conhecimento Deveriam Retornar a um Ritmo Mais Natural

No outono de 1963, um jovem antropólogo empreendedor chamado Richard Lee viajou para a região de Dobe, no noroeste do Deserto do Kalahari, no sul da África. Ele estava lá para viver entre uma comunidade conhecida como Ju/'hoansi, composta por aproximadamente 460 indivíduos, divididos entre 14 acampamentos independentes.

Essa área do Kalahari era semiárida e sofria com secas a cada dois ou três anos, o que levou Lee a descrevê-la como "um ambiente marginal para a habitação humana". As condições precárias tornavam o território dos Ju/'hoansi menos desejável para agricultores e pastores, fazendo que a comunidade vivesse em relativo isolamento até o século XX.

Como Lee explicaria mais tarde, os Ju/'hoansi não estavam completamente isolados do mundo. Quando ele chegou, por exemplo, eles comercializavam produtos com pastores Tswana próximos e encontravam europeus em patrulhas coloniais. No entanto, a falta de contato extenso com a economia local significava que os Ju/'hoansi ainda dependiam principalmente da caça e da coleta para sua subsistência. Na época, era comum acreditar que a obtenção de alimento sem a estabilidade e abundância da agricultura era perigosa e extenuante. Lee queria descobrir se isso era verdade.

Humanos em nossa constituição moderna atual caminham pela Terra há aproximadamente 300 mil anos. Durante todos esses anos, exceto pelos últimos 10 mil, vivemos como caçadores e coletores seminômades. Essas escalas de tempo são vastas o suficiente para que a lógica implacável da seleção natural adaptasse nossos corpos e cérebros a uma existência na qual nossa experiência de "trabalho" se concentrava na caça e coleta. Portanto, para tentarmos entender os pontos de atrito na vida moderna de escritório, um bom ponto de partida pode ser identificar onde nossas rotinas de trabalho atuais mais se diferenciam daquilo a que nossos ancestrais pré-históricos estavam acostumados.

O problema com essa abordagem, é claro, é que não existem mais humanos pré-históricos, e as escavações arqueológicas revelam apenas vislumbres das realidades dessa era passada. Felizmente, a antropologia moderna, com base no trabalho pioneiro de Richard Lee, identificou uma solução parcial para esse problema: estudar, com cuidado, o número reduzido de comunidades existentes que ainda dependem em grande parte da caça e da coleta para sua subsistência. Como pesquisadores como Lee rapidamente enfatizam, esses grupos de forrageadores do presente *não* são o que restou de uma era antiga, mas sim indivíduos modernos vivendo no mundo moderno, conectados a ele. Mas o que podemos aprender com esses exemplos é uma compreensão mais completa das realidades diárias da caça e da coleta como meio principal de sobrevivência, fornecendo uma visão mais detalhada, em outras palavras, do que "trabalho" significava para a maior parte da existência humana.

Após quinze meses de pesquisa de campo, que se estenderam do outono de 1963 até o início do inverno de 1965, Lee estava pronto para apresentar seus resultados ao mundo. Trabalhando com seu colaborador de longa data, Irven DeVore, ele organizou uma conferência opulenta em Chicago na primavera seguinte. Chamou-se "O Homem Caçador" e prometia proporcionar à antropologia seu "primeiro levantamento intensivo de uma etapa específica crucial do desenvolvimento humano: o antigo modo de vida de caçadores, universal no passado". A agitação em torno do evento foi tão grande que o célebre antropólogo francês Claude Lévi-Strauss viajou para os EUA para participar.

Lee roubou a cena com um artigo que descrevia os resultados do tempo que passou entre os Ju/'hoansi. O artigo começa repetindo a suposição comum de que a vida dos caçadores-coletores é "geralmente uma luta precária e árdua pela existência" e, em seguida, apresenta metodicamente dados para refutar essa ideia. A comunidade que Lee estudou estava bem alimentada, consumia mais de 2 mil calorias por dia, mesmo durante uma seca histórica em Botsuana. Igualmente surpreendente foi a observação de que os Ju/'hoansi pareciam trabalhar menos do que os agricultores ao redor deles. De acordo com os dados de Lee, os adultos que ele estudou gastavam, em média, cerca de vinte horas por semana adquirindo alimentos, e outras vinte eram dedicadas a outras tarefas, o que lhes proporcionava um tempo abundante de lazer.

Como resume Lee, muito pode ser inferido sobre a antiga relação da nossa espécie com o trabalho a partir dessas observações modernas:

> Os bosquímanos da região de Dobe vivem bem hoje em dia com plantas silvestres e carne, apesar de estarem confinados à porção menos produtiva da área onde os povos bosquímanos eram encontrados anteriormente. É provável que uma base de subsistência ainda mais substancial tenha sido característica desses caçadores-coletores no passado.

Como era de se esperar, este estudo inicial sobre estilos de vida de caçadores-coletores foi alvo de muitas críticas posteriores. O método de coleta de dados por diário de tempo de Lee, por exemplo, talvez fosse impreciso demais, e houve um debate se ele estava categorizando corretamente todas as atividades relevantes como "trabalho". Sua grande ideia, no entanto, de que podemos aprender sobre economias antigas estudando comunidades modernas de forrageamento, provou ser imensamente influente.

Podemos encontrar um retrato mais refinado do tipo de dados que Lee buscou no trabalho mais recente de uma equipe de pesquisa liderada por Mark Dyble, professor-assistente de antropologia evolutiva na Universidade de Cambridge. Conforme relatado em um artigo marcante publicado na revista *Nature Human Behaviour* em 2019, Dyble e sua equipe tinham como objetivo replicar o estudo amplo de Lee, mas usando métodos atualizados. Eles observaram os Agta, do norte das Filipinas, uma comunidade adequada para a comparação de diferentes modelos de aquisição de alimentos, já que alguns deles ainda dependiam principalmente da caça e coleta, enquanto outros haviam recentemente mudado para a plantação de arroz. Ambos os grupos compartilhavam a mesma cultura e ambiente, permitindo uma comparação mais clara entre as duas estratégias de aquisição de alimentos. A equipe de Dyble divergiu do método de diário usado por Lee, no qual o pesquisador tenta capturar todas as atividades do dia dos sujeitos pesquisados (o que se revela bastante difícil), e, em vez disso, utilizou o método moderno de amostragem de experiência, no qual, em intervalos aleatórios, os pesquisadores registram o que seus sujeitos estão fazendo naquele exato momento. O objetivo era calcular, tanto para os agricultores quanto para os forrageiros, a proporção relativa de amostras dedicadas a atividades de lazer versus atividades de trabalho.

"O grupo totalmente dedicado à coleta gastava de 40% a 50% das horas de luz do dia em lazer", disse Dyble quando pedi para resumir os resultados de sua equipe, "enquanto aqueles que se dedicam inteiramente à agricultura passavam mais ou menos 30% do tempo assim". Seus dados validam a afirmação de Lee de que os caçadores-coletores desfrutam de mais tempo livre do que os agricultores, embora talvez não na proporção originalmente relatada. No entanto, uma observação igualmente importante, mas ausente desses números de nível alto, é como esse tempo de lazer era *distribuído* ao longo do dia. Como Dyble explicou, enquanto os agricultores se envolviam em um trabalho contínuo e monótono, o ritmo das atividades dos forrageiros era mais variado, com longos intervalos intercalados ao longo de seus esforços diários. "As saídas para caça exigiam uma longa caminhada pela floresta, então você ficaria o dia todo fora, mas teria pausas", Dyble me disse. "Na pesca, por exemplo, há picos, altos e baixos... Apenas uma pequena porcentagem do tempo é realmente gasta pescando."

Para nossos propósitos, a observação chave do estudo de Dyble é a natureza desigual dos esforços dos coletores. Um início movimentado de uma expedição de pesca pode também envolver uma longa soneca no barco durante a calmaria do meio-dia. Uma viagem de caça cansativa pode ser seguida por vários dias esperando a chuva passar, fazendo muito pouco. Os Agta que se dedicam ao cultivo de arroz, por outro lado, trabalham continuamente, do nascer ao pôr do sol, durante o plantio ou colheita. Comparadas às atividades de seus irmãos coletores, essas atividades agrícolas pareciam "monótonas" para Dyble. Esta comparação destaca o quanto nossa experiência de trabalho se transformou durante o passado recente de nossa espécie. Nossa transição da caça e coleta para a agricultura — a Revolução Neolítica — só ganhou velocidade em algum momento há cerca de 12 mil anos. Na época do Império Romano, a caça e coleta praticamente desapareceram da história humana. Essa reorientação em direção à agricultura lançou grande parte da humanidade num estado semelhante ao dos Agta que cultivam arroz, tendo que lidar com algo novo: a monotonia contínua do trabalho invariável, o dia todo, todos os dias.

Embora a agricultura exigisse um esforço homogêneo por um tempo, esse cenário não era completamente negativo. O plantio e a colheita intensos eram compensados pela tranquilidade do inverno. A humanidade logo desenvolveu rituais para estruturar e dar sentido a esses ritmos cíclicos. Festas celebrando a colheita incentivavam o trabalho árduo necessário a cada outono para se obter os frutos da terra, enquanto celebrações elaboradas no inverno ajudavam a dar significado à ociosidade dos meses escuros que se seguiam. Para os povos germânicos antigos, por exemplo, as festas de vários dias em torno do Yule, repletas de sacrifícios de animais e veneração dos mortos ao redor de fogueiras ardentes, transformavam os dias mais curtos do ano em algo mais do que um tempo difícil de se suportar.

A Revolução Industrial eliminou os últimos vestígios de mudança em nossos esforços de trabalho. O moinho a vapor, seguido pela fábrica, transformou todos os dias em uma colheita — trabalho contínuo e monótono que nunca se altera. As mudanças sazonais e os rituais de atribuição de sentido desapareceram. Marx, apesar de todas as suas falhas e exageros, captou algo profundo com sua teoria de *Entfremdung* (alienação), que argumentava que a ordem industrial nos alienava de nossa natureza humana básica. No fim das contas, os trabalhadores — inevitavelmente — reagiram contra essa situação sombria. Pressionaram por legislações reformistas, como o *Fair Labor Standards Act* (aprovado pelo Congresso dos EUA em 1938), que estabeleceu a semana de trabalho padrão de quarenta horas, limitando a fração do dia que poderia ser consumida sem pagamento adicional. Eles também formaram sindicatos como contrapartida dos aspectos mais desumanizadores da industrialização. Se gastaríamos nossos dias em atividades que nos alienavam de nossa natureza básica, queríamos (na medida do possível) assegurar que estávamos fazendo isso em nossos próprios termos.

Então, o trabalho intelectual entrou em cena como um importante setor econômico. Conforme discutido na parte 1, a classe gerencial não sabia como lidar com a autonomia e a variedade de tarefas desse novo setor. Sua resposta provisória foi a pseudoprodutividade, que utilizava a atividade visível como um substituto da utilidade. Sob essa nova configuração, demos outro passo para trás. Assim como no setor industrial, continuamos trabalhando o dia todo, todos os dias, sem variações sazonais, já que qualquer variação seria vista como improdutividade. Mas, ao contrário do setor industrial, nesta *fábrica invisível* que construímos para nós mesmos, não tínhamos leis trabalhistas reformuladas ou sindicatos para identificar os aspectos mais desgastantes dessa configuração e lutar por limites. O trabalho com o conhecimento estava livre para se tornar totalitário em nossa existência: colonizando o máximo do nosso tempo que pudéssemos suportar, de noites a fins de semana e férias, deixando-nos com poucos recursos além da exaustão, do rebaixamento ou demissão quando a situação se tornasse insustentável. Nosso afastamento dos ritmos de trabalho que haviam dominado os primeiros 280 mil anos da existência de nossa espécie estava agora completo.

No entanto, por trás dessa exaustão, vislumbram-se lampejos de um futuro melhor. O esforço monótono e integral ao longo do dia é inevitável quando se está colhendo safras ou trabalhando em uma estação de linha de montagem — o melhor que se pode fazer é mitigar seus piores impactos com rituais e leis. Menos claro é se essa intensidade invariável é igualmente inevitável no trabalho intelectual. Trabalhamos longas jornadas, todos os dias, para satisfazer as exigências de uma pseudoprodutividade, não porque esforços cognitivos habilidosos realmente exijam tal atenção constante. Na verdade, temos evidências que mostram que os ritmos de trabalho no estilo industrial nos tornam menos eficientes. Lembre-se de que os cientistas com quem abrimos este capítulo aproveitaram a liberdade de suas raras posições para implementar um ritmo variado, mais próximo do esforço de um caçador-coletor Agta do que de um trabalhador de escritório moderno. Não é de surpreender que, libertados para trabalhar da maneira que desejavam, esses trabalhadores tradicionais do conhecimento retornaram aos níveis de esforço mais variados para os quais os humanos estão adaptados.

É aqui que encontramos a justificativa para o segundo princípio da produtividade lenta. Trabalhar com intensidade incessante é irreal e insustentável. No momento, pode transparecer uma falsa sensação de utilidade, mas quando continua ao longo do tempo, isso nos distancia de nossa natureza humana, gera infelicidade e, de uma perspectiva estritamente econômica, quase certamente nos impede de alcançar nosso pleno potencial. A longo prazo, um ritmo de trabalho mais natural, mais lento e variado, é o alicerce da verdadeira produtividade. A seguir, apresento uma coleção de propostas sobre como você pode introduzir essa variação em sua situação profissional atual. A maioria de nós não tem a possibilidade de sair de férias por vários meses para desanuviar como Marie Curie, mas se você for cuidadoso ao explorar a autonomia e a ambiguidade que estão entrelaçadas na maioria dos empregos do setor de conhecimento moderno, você pode se surpreender com o poder que você tem para transformar o ritmo do seu trabalho em algo muito mais humano, por falta de uma palavra melhor.

Proposta: Dê Tempo às Coisas

Lin-Manuel Miranda escreveu o primeiro rascunho de *In the Heights* no seu segundo ano na Universidade Wesleyan. A primeira apresentação do show, que ganharia vários Tony Awards — o maior e mais prestigioso prêmio do teatro nos Estados Unidos —, foi encenada por ele num auditório do campus, na primavera de 2000. Ele tinha apenas 20 anos. Esta história de grande precocidade se tornou parte da lenda de Miranda, revelando pela primeira vez o talento de sua geração. O que muitas vezes é deixado de fora dessa narrativa, no entanto, é o que aconteceu entre essa apresentação inicial e a estreia triunfante do show na Broadway, oito anos depois.

O musical de um ato que Miranda apresentou em 2000 era bem diferente do espetáculo de quase duas horas e meia, repleto de música e coreografias exuberantes, que estreou no Teatro Richard Rodgers. Como Rebecca Mead aponta em seu clássico perfil sobre Miranda na *New Yorker* de 2015, a versão de *In the Heights* que Miranda escreveu na graduação estava "desgastada", focando um enredo clichê de triângulo amoroso. A peça do jovem de 20 anos não foi recebida com entusiasmo por seus colegas. Como Miranda revelou posteriormente em uma entrevista com Marc Maron, a cultura em Wesleyan estava mais voltada ao teatro experimental. Seu interesse em produções musicais clássicas o colocou em desacordo com seus colegas. "Conseguir a aceitação para o teatro musical em Wesleyan era muito difícil", disse ele. Miranda deixou de lado seu musical de hip-hop, concentrando-se em seu projeto de conclusão de curso, uma produção esquecível chamada *On Borrowed Time*. Após se formar, Miranda conseguiu um emprego como professor substituto. E seu pai o incentivou a se candidatar à faculdade de direito.

Contudo, nem todos ignoraram *In the Heights*. A escrita clichê era o que se esperava de um estudante do segundo ano da faculdade, mas a trilha sonora era especial. "A mistura de música latina com hip-hop era poderosa", Miranda relembrou. "Havia algo importante naquele ritmo", disse Thomas Kail, que estava dois anos à frente de Miranda em Wesleyan, ao recordar de *In the Heights*. Logo após Miranda se formar, eles se encontraram para discutir o potencial da peça. Miranda começou a trabalhar com Kail na melhoria da música e do texto, e Kail assumiu informalmente o papel de diretor do show embrionário. Essa dupla logo se conectou com outros dois ex-alunos de Wesleyan, John Buffalo Mailer e Neil Stewart, que havia cofundado uma companhia de teatro na cidade de Nova York chamada Back House Productions. Eles começaram a encenar trechos do musical inacabado de Miranda.

O rápido ciclo de feedbacks gerado por essas repetidas miniperformances ajudou Miranda a encontrar sua voz musical característica. A escrita, no entanto, ainda parecia superficial. Para resolver esse problema, Miranda e Kail convidaram para o projeto uma jovem e talentosa dramaturga chamada Quiara Alegría Hudes, que viria a ganhar um Prêmio Pulitzer em 2012. No outono de 2004, eles submeteram *In the Heights* à National Music Theater Conference, um programa realizado no Eugene O'Neill Theater Center em Waterford, no estado de Connecticut, projetado para incubar novas produções de musicais. A peça deles foi selecionada, e o grupo, com a adição do diretor musical Alex Lacamoire, mudou-se para Connecticut para trabalhar em tempo integral na criação de uma produção mais bem-desenvolvida.

Foi aí que as coisas começaram a dar certo para *In the Heights*. Hudes simplificou as tramas dos personagens, mudando o foco para a celebração musical do bairro Washington Heights, onde a peça se passava. "Ficou claro, depois de vê-la no O'Neill, que o bairro era a história de amor central", explicou Kail. Essa apresentação em Connecticut chamou a atenção de produtores sérios da Broadway e, com isso, atraiu apoio financeiro de valor. Mas ainda havia muito trabalho a ser feito até que o espetáculo estivesse pronto para o público pagante. Só em 2007 — meia década depois de Miranda começar a trabalhar seriamente com Kail na peça e sete anos desde sua primeira apresentação em Wesleyan — *In the Heights* fez sua estreia em um palco profissional. Ainda levaria mais um ano para que a peça chegasse à Broadway e Miranda ganhasse seus Tony Awards.*

....

A história de Lin-Manuel Miranda é um exemplo claro de um dos padrões gerais que identificamos anteriormente na vida de grandes cientistas: ele levou o tempo necessário. Ele permitiu que o desenvolvimento criativo de sua peça se desenrolasse lentamente ao longo dos sete anos que se seguiram à sua apresentação inicial. Certamente, houve muitos períodos durante esse tempo em que Miranda dedicou total atenção a *In the Heights*. Mas também houve momentos em que ele se envolveu em outras atividades. Nesses anos, além de seu trabalho como professor substituto, Miranda escreveu uma coluna e resenhas de restauran-

* Alguns meses depois desses triunfos, Miranda estava relaxando em uma piscina durante as tão sonhadas férias no México. No entanto, a tranquilidade era inatingível. Sua atenção havia sido completamente dominada por um tijolo em forma de livro comprado impulsivamente antes da viagem — uma biografia de Alexander Hamilton.

tes para o *Manhattan Times*. Também fez turnês internacionais com um grupo de comédia de improvisação e rap que fundou, chamado *Freestyle Love Supreme*, e ajudou Stephen Sondheim, que Miranda conheceu em Wesleyan, a traduzir letras para o espanhol para uma revival de *West Side Story* na Broadway.

O mindset da pseudoprodutividade se incomoda com a ideia de distribuir o trabalho de um projeto importante, pois qualquer tempo que não seja gasto martelando seus objetivos mais importantes parece tempo desperdiçado. Para um verdadeiro adepto dessa filosofia acelerada, ver Miranda no início dos anos 2000, gastando energia, fazendo freestyle de rap com o *Freestyle Love Supreme* ou escrevendo colunas para um jornal local poderia ser frustrante, como ver um grande talento sendo diluído. O mindset da produtividade lenta, por outro lado, vê vantagens em um ritmo mais vagaroso. Recomeços podem injetar mais criatividade em seus esforços, um efeito que Miranda parece ter aproveitado nos avanços nem sempre frequentes, mas persistentes, para sua peça *In the Heights*. Isso também permitiu que ele explorasse e desenvolvesse tanto seu lado criativo quanto a si mesmo. No segundo ano da faculdade, Miranda não era confiante, experiente ou interessante o suficiente para produzir uma versão de sua peça que fosse capaz de conquistar a Broadway. Sua grandeza precisava de tempo para emergir completamente.

O segundo princípio da produtividade lenta o instiga a levar seu trabalho em um ritmo mais natural. Essa proposta oferece a primeira de três ideias para alcançar este objetivo: siga o exemplo de Lin-Manuel Miranda e acostume-se a levar mais tempo para realizar projetos importantes. Essa proposta, é claro, é cheia de desafios. A linha que separa a produção criativa lenta, mas constante, e a procrastinação pura e simples é preocupantemente tênue. Há uma razão pela qual a velocidade frenética do Mês Nacional da Escrita de Romances (NaNoWriMo) é tão popular — muitas pessoas não confiam em si mesmas para continuar retornando a um projeto difícil depois que a empolgação inicial se dissipa. O conjunto de conselhos práticos a seguir foi projetada para compensar esses medos. Fornecerá estrutura às suas tentativas de se demorar mais em algo, permitindo que preserve sua motivação para produzir coisas que importam, evitando a sensação frenética de que sempre há mais a ser feito, imediatamente.

FAÇA UM PLANO DE CINCO ANOS

A maioria das pessoas restringe seu planejamento de longo prazo aos meses seguintes. Você pode ter o objetivo, por exemplo, de escrever e submeter um artigo acadêmico até o final do outono, ou lançar um novo produto no verão. Planejar nessa escala é certamente necessário, pois sem isso você pode acabar atolado em demandas superficiais e nunca avançar em nada importante. No entanto, sugiro também elaborar um plano que abranja uma escala ainda maior: o que você gostaria de realizar nos próximos cinco anos, aproximadamente. A escolha específica de cinco anos é um tanto arbitrária. Você pode ajustar esse tempo para se adequar à realidade da sua situação: se acabou de iniciar uma graduação de quatro anos, por exemplo, um plano de quatro anos pode fazer mais sentido. A chave para essa sugestão, no entanto, é seu horizonte temporal incluir pelo menos vários anos.

Para tornar isso mais tangível, usarei a mim mesmo como exemplo. Quando comecei o programa de doutorado em ciência da computação no MIT, eu tinha acabado de enviar o manuscrito do meu primeiro livro para a editora Random House. Eu sabia que queria ser escritor, além de seguir minha carreira acadêmica, mas também sabia que as pressões do MIT, se não fossem controladas, me afastariam desse objetivo. Em resposta, detalhei uma visão de como queria que os próximos cinco anos se desenrolassem. Decidi que encontraria uma maneira de continuar publicando livros enquanto fosse estudante de pós-graduação. Queria sair do MIT como um autor estabelecido com vários títulos publicados, mesmo que isso exigisse períodos de estresse e incerteza ao longo do caminho.

Esse plano de longo prazo me manteve sempre voltado aos meus objetivos de escrita. Mas, o que também é importante, deu-me o espaço necessário para me sentir confortável mesmo quando o progresso não era imediato. Como minha visão estava estabelecida na escala de vários anos, eu podia tolerar períodos de ocupação nos quais as demandas acadêmicas deixavam pouco tempo para a escrita. Eu também conseguia tolerar intervalos prolongados entre os livros, durante os quais questionava o que queria escrever a seguir. Durante o intervalo de quatro anos entre meu segundo e terceiro livros, por exemplo, experimentei novos estilos, tanto no meu blog quanto na escrita freelance. Eu estava lenta e cuidadosamente tentando estabelecer a base para a transição de escrever guias para estudantes, no que eu era bem-sucedido, para escrever livros de ideias mais sérias, áreas em que eu ainda não tinha presença. Meu plano de longo prazo me permitiu abraçar esse desenvolvimento mais gradual como escritor. Eu podia explorar sem sentir que havia desistido. Eu queria escrever vários livros antes de me formar, mas havia muitos caminhos sinuosos que me levariam a esse destino.

A ideia de que adicionar *mais* planos à sua vida pode ajudá-lo a desacelerar pode parecer paradoxal. A mágica aqui está na maneira como essa estratégia expande as escalas de tempo nas quais você avalia sua produtividade. Lin-Manuel Miranda não trabalhou continuamente em *In the Heights* logo após a sua formatura em Wesleyan, mas ele continuou se voltando ao projeto, até que se transformasse em algo notável. Esse ritmo lento, mas constante, só foi possível no contexto de uma visão de longo prazo.

DOBRE O PRAZO DE SEUS PROJETOS

Agora vamos deixar os planos de vários anos de lado e focar repensar como você organiza seu trabalho para os próximos meses. Nessa escala sazonal, você normalmente planeja projetos completos, como lançar um novo site, ou empreendimentos maiores, como terminar os três primeiros capítulos de um livro. Nesse prazo, suas metas têm um impacto significativo na velocidade do seu trabalho. Se for ambicioso demais, sua intensidade permanecerá alta enquanto você se esforça para tentar atingir seus objetivos. Se, em vez disso, você se der tempo suficiente para alcançá-los, o ritmo do seu trabalho poderá entrar em um fluxo mais natural. Uma heurística simples para alcançar este último estado é a seguinte: pegue todos os prazos que você inicialmente identificou como razoáveis para projetos futuros e então *dobre* a duração deles. Por exemplo, se seu pensamento inicial for planejar gastar duas semanas lançando um novo site, revise essa meta e se dê um mês inteiro. Da mesma forma, se acha que é razoável escrever quatro capítulos de um livro entre setembro e dezembro, mude esse plano para uma meta de completar apenas dois.

Uma realidade da produtividade pessoal é que os humanos não são bons em estimar o tempo necessário para atividades cognitivas. Nosso instinto é compreender as demandas de esforços tangíveis, como fabricar um machado à mão ou coletar plantas comestíveis. No entanto, quando se trata de planejar atividades para as quais nos falta intuição física, acabamos chutando mais do que imaginamos, o que nos leva a gravitar em torno de cenários otimistas para o tempo que as coisas podem levar. Parece que buscamos a emoção que vem de imaginar um cronograma extremamente ambicioso durante o nosso planejamento: "Uau, se pudesse terminar quatro capítulos neste semestre, eu estaria realmente adiantando o cronograma!" Parece bom num primeiro momento, mas os dias seguintes serão de correria e decepção.

Quando se adota a política de dobrar a estimativa inicial, você pode conter esse impulso de otimismo injustificado. O resultado são planos que podem ser concluídos num ritmo mais tranquilo. O medo aqui, é claro, é que, ao dobrar esses prazos, você reduza drasticamente o que realiza. Mas seus planos originais nunca foram realistas ou sustentáveis, para começar. Um princípio fundamental da produtividade lenta é que grandes conquistas são construídas sobre a acumulação constante de resultados modestos ao longo do tempo. É um caminho longo. Defina o seu ritmo.

SIMPLIFIQUE SEU DIA DE TRABALHO

Chegamos, enfim, à menor escala de tempo relevante para a nossa discussão sobre dar tempo ao tempo: o dia a dia. Uma das principais alegrias de desacelerar o ritmo de trabalho é que isso o liberta da necessidade de viver todos os dias com uma intensidade frenética. Para colher esse benefício, no entanto, é preciso simplificar sua agenda diária. Reduzir seus planos sazonais e de longo prazo não ajudará se você persistir em preencher cada hora do dia com mais trabalho do que consegue concluir. Todas as três escalas de tempo devem ser domadas juntas. Para se ter dias de trabalho mais razoáveis, tenho duas sugestões: primeiro, reduza o número de tarefas que agenda e, segundo, reduza o número de compromissos em seu calendário. Em outras palavras, diminua o que você planeja realizar enquanto aumenta o seu tempo disponível.

A primeira sugestão é simples de implementar: aplique a heurística de reduzir a lista de tarefas que você cria para um determinado dia em algo entre 25% e 50%. Como mencionado, humanos são terrivelmente otimistas para estimar quanto tempo é necessário para concluir seus esforços cognitivos. Regras gerais de redução, como cortar um quarto da sua lista de tarefas inicial, contrariam esse viés.

Para domar compromissos, uma boa meta é garantir que não mais da metade das horas de um único dia sejam dedicadas a reuniões ou ligações. A maneira mais simples de atingir essa marca é reservar e bloquear certos horários (por exemplo, nenhuma reunião antes do meio-dia). É claro que, em escritórios, pode ser difícil driblar regras rígidas desse tipo ("O que você quer dizer com 'não participa de reuniões antes do meio-dia?' É bem quando estou disponível!") Uma alternativa mais sutil é implementar a estratégia "um para você, um para mim". Toda vez que você adicionar uma reunião ao seu calendário para um determinado dia, reserve a mesma quantidade de tempo naquele dia para si. Se eu agendar trinta minutos para uma ligação na terça-feira, também encontrarei outros trinta minutos naquele dia para bloquear na minha agenda para mim mesmo. À medida que um determinado dia começa a se encher de compromissos, também é preenchido com reservas para si mesmo, tornando adicionar um novo compromisso algo cada vez mais difícil.

Nenhum dia pode terminar com mais da metade do seu tempo dedicado a reuniões ou ligações. Ao mesmo tempo, no entanto, essa abordagem é mais flexível do que simplesmente declarar certas horas como sempre indisponíveis. Como resultado, você não parecerá tão intransigente para seus colegas.

Essas estratégias, é claro, não são destinadas a serem aplicadas todos os dias, sem exceção. Uma ideia que exploraremos adiante neste capítulo é que trabalhar em um ritmo natural ainda assim incluirá períodos de intensa ocupação e esforço. Em outras palavras, haverá dias em que você terá que passar de uma reunião para outra repetidamente, porque está tentando finalizar um negócio importante ou lidar com uma crise inesperada. Também pode haver dias em que cada minuto precisa ser preenchido com tarefas de última hora. Mas, ao pensar nessas diretrizes de agendamento diário como uma abordagem padrão a ser aplicada sempre que possível, você garante que picos inevitáveis de intensidade sejam seguidos de períodos mais tranquilos.

No perfil de Lin-Manuel Miranda escrito por Rebecca Mead, ela fala sobre seu "ar assombrado" e "olhos marcados pelo cansaço" nas semanas que antecederam a estreia off-Broadway de *Hamilton*. No entanto, ela também discute o período anterior a esses preparativos finais, quando Miranda ainda estava compondo muitas das músicas do espetáculo. Mead descreve como Miranda costumava fazer longas caminhadas sem rumo com seu cachorro pelas ruas da cidade de Nova York, ouvindo o instrumental de uma nova música em loop em seus fones de ouvido, esperando a inspiração melódica surgir. Neste período Miranda estava tirando um tempo para seu processo criativo.

PERDOE-SE

Para fechar essa importante discussão sobre levar mais tempo para as mesmas tarefas, algo relevante é reconhecer seus perigos psicológicos. Administrar o tempo de trabalho é complicado, especialmente quando se trata de projetos complexos. Às vezes, você pode deixar algo se arrastar por muito tempo: perde prazos ou oportunidades; percebe que ficou para trás em relação à sua visão; imaginou que estava sendo como Lin-Manuel Miranda trabalhando lentamente em uma obra-prima, mas então, certo dia, percebe que na verdade estava só procrastinando. É tentador reagir a esses períodos de produtividade baixa impondo-se uma penitência de ocupação exaustiva, para se convencer de que, se está se sentindo exausto, não pode ser acusado de ser preguiçoso.

Eu gostaria de contestar essa reação. Além de ser insustentável, a longo prazo, não o aproximará de produzir um trabalho que realmente importa. Tudo bem se seus esforços para desacelerar às vezes o levarem temporariamente para fora do caminho escolhido. Isso acontece com todos que já tentaram realizar algo importante. Até, ocasionalmente, com Lin-Manuel Miranda (sabemos sobre seus grandes sucessos, mas ouvimos pouco sobre o que imagino ser um extenso portfólio de projetos que ele começou com um surto de energia criativa e, no fim, desvaneceram-se). Esse aspecto de trabalhar em um ritmo natural é difícil de acertar, e de vez em quando você ficará desapontado. Mas a resposta humana a essa realidade é óbvia: perdoe-se. Então se pergunte: "O que vem a seguir?" A chave para um trabalho significativo está na decisão de continuar retornando aos esforços que você considera importantes. Não em acertar tudo o tempo todo.

Proposta: Adote a Sazonalidade

A vida profissional de Georgia O'Keeffe começou agitada. Em 1908, aos 21 anos, mesmo sendo uma aluna premiada tanto no Art Institute of Chicago quanto na Art Students League de Nova York, Georgia ficou sem dinheiro, o que a levou a aceitar um emprego como designer gráfica em Chicago. Em 1910, ela se mudou com a família para a Virgínia, onde começou a lecionar arte em várias instituições. Entre 1912 e 1914, foi para o oeste, lecionando arte em escolas públicas na cidade de Amarillo, no Texas Panhandle. Durante os verões, ela voltava para o leste para trabalhar como assistente de ensino na Teachers College da Columbia University, enquanto também fazia cursos na Universidade da Virgínia. Em 1915, assumiu a função de instrutora na Columbia College, na Carolina do Sul. Depois, voltou a Nova York, na Teachers College. Em 1916, tornou-se chefe do departamento de arte da West Texas State Normal College, em Canyon, no Texas.

Listar o currículo de Georgia durante esse período já é cansativo. Vivê-lo deve ter sido completamente exaustivo. De alguma forma, ao longo desses anos de luta, ela conseguiu, intermitentemente, continuar estudando e desenvolvendo seu estilo artístico abstrato, mas esses esforços não foram fáceis. Ela precisou se afastar da arte por um tempo, incluindo uma pausa no início de sua carreira que durou quase quatro anos. Ficava claro que algo precisava mudar esse estilo de vida sobrecarregado para que pudesse liberar seu impressionante potencial artístico. Felizmente, em 1918, essa mudança finalmente chegou na forma de uma extensa propriedade rural localizada no extremo sul dos Adirondacks, na margem oeste de Lake George.

A propriedade pertencia à família de Alfred Stieglitz, um fotógrafo aclamado, dono da influente galeria 291 da cidade de Nova York. Stieglitz conheceu Georgia após expor uma coleção de seus inovadores trabalhos a carvão em sua galeria. Uma amizade se iniciou, transformando-se em romance e, enfim, casamento. A família de Stieglitz havia comprado a propriedade em Lake George, que chamavam de Oaklawn, na década de 1880. Alfred cresceu passando os verões lá. "O lago é, provavelmente, o meu amigo mais antigo", ele escreveu certa vez. "Nossa! Quantos dias e noites passamos juntos. Horas calmas e belas. Outras loucas e entediantes. Horas de sonho. Horas e dias de tranquila contemplação".

Stieglitz estava ansioso para apresentar esses "dias de tranquila contemplação" para Georgia. A partir de 1918, ele começou a levá-la para a propriedade de sua família durante o verão. Nos primeiros dois anos, eles ficaram na mansão imponente da propriedade, mas depois que a família Stieglitz vendeu parte da propriedade, eles ficavam em uma casa de fazenda mais humilde, situada no topo de uma colina próxima. Foi ali que Georgia conseguiu ativar totalmente sua criatividade. Ela desenvolveu uma rotina na qual caminhava todas as manhãs até a vila de Lake George para buscar sua correspondência. Às vezes, estendia essas caminhadas subindo a trilha de três quilômetros até a Prospect Mountain, onde era recompensada com uma vista deslumbrante dos navios a vapor subindo e descendo pelo lago.

Mais que tudo, porém, ela pintava. Entre 1918 e 1934, trabalhando principalmente em seu "barraco", um anexo da fazenda que ela transformou em estúdio, Georgia criou mais de duzentas pinturas, além de numerosos esboços e trabalhos a pastel. Ela aproveitou o ambiente natural ao seu redor como inspiração, absorvendo tanto as grandiosas vistas do lago e das montanhas circundantes quanto desenvolvendo estudos detalhados de árvores e flores. No outono, ela levava suas telas de Adirondacks para a cidade, onde as finalizava e expunha. Suas abstrações inspiradas na natureza foram aclamadas, e Georgia O'Keeffe se tornou uma celebridade no mundo da arte. Os anos em Lake George são considerados o período mais prolífico de sua carreira.

Essa abordagem *sazonal* ao trabalho, na qual você varia a intensidade e o foco de seus esforços ao longo do ano, repercute bem com muitos que a conhecem. O retiro de Georgia O'Keeffe para Lake George durante os verões, onde ela lentamente revelou sua criatividade antes de retornar à vida urbana e movimentada no outono, parece natural. Assim como os exemplos de sazonalidade que encontramos em nossa discussão anterior sobre grandes cientistas: Isaac Newton ponderando a gravidade na zona rural de Lincolnshire, ou Marie Curie recarregando-se no interior da França. A realidade atual é que sazonalidade profissional desse tipo se tornou rara, especialmente no trabalho intelectual. Fora alguns que são artistas e escritores em tempo integral, que, como Georgia O'Keeffe podem buscar a criatividade em refúgios durante o verão, e educadores, que trabalham com um calendário acadêmico, a maioria das pessoas que se dedica a telas de computadores para viver o faz doze meses por ano, com pouca variação de intensidade.

O fato da agenda de Georgia O'Keeffe parecer exótica para os dias de hoje não deve nos fazer esquecer que, na verdade, a exceção é a *nossa* maneira inflexível de trabalhar. Como argumentado anteriormente, durante a maior parte da história registrada da humanidade, a vida profissional da vasta maioria das pessoas na Terra estava interligada à agricultura, uma atividade (literalmente) sazonal. Trabalhar sem mudanças ou descanso o ano todo pareceria incomum para a maioria de nossos ancestrais. A sazonalidade estava profundamente integrada à experiência humana.

Esta proposta argumenta que as coisas não precisam ser assim. A sazonalidade pode ser inviável em ambientes como a manufatura industrial, mas o trabalho do conhecimento é significativamente mais flexível. Para aqueles que trabalham em cubículos em vez de fábricas, existem mais oportunidades do que você imagina para variar sua relação com o trabalho ao longo do ano. A chave é reconhecer que você não precisa de 14 hectares de propriedade rural à beira do lago para vivenciar uma boa sazonalidade. As estratégias práticas a seguir foram projetadas para ajudar aqueles que estão em empregos contemporâneos comuns (aqueles que não são artistas financeiramente independentes do início do século XX, por exemplo) a recuperar pelo menos algum grau de variação natural em seus esforços.

AGENDAR PERÍODOS DE PAUSA

Em julho de 2022, quando eu estava mergulhado nas etapas iniciais da escrita deste livro, uma tendência relevante se tornou viral no mundo online. Tudo começou com um usuário do TikTok chamado @ZKChillen, que postou um vídeo de dezessete segundos no qual uma música suave de piano toca sobre cenas da cidade de Nova York: um metrô, as avenidas, uma rua residencial, e então, por alguma razão, uma máquina infantil de fazer bolhas de sabão. "Recentemente, ouvi falar sobre essa ideia de *quiet quitting* ["pedido de demissão silencioso", em tradução livre], diz o narrador, "onde você não pede demissão do seu emprego, mas sim da ideia de fazer sempre mais do que o esperado." Ele rejeita a crença da "cultura da correria" de que é preciso viver para trabalhar, e não trabalhar para viver. "A realidade é que o trabalho não é a sua vida", ele conclui. "E o seu valor como pessoa não é definido por isso."

O vídeo original de @ZKChillen ganhou cada vez mais atenção, e outros vídeos no TikTok começaram a surgir, a maioria apresentando jovens fazendo suas próprias declarações sinceras sobre o engajamento na ideia de *quiet quitting*. Como era de se esperar, a grande mídia logo pegou a tendência. No início de agosto, o *The Guardian* publicou um artigo com um subtítulo que se destaca pelo niilismo casual: "A falta de sentido do trabalho moderno — e a pandemia — levou muitos a questionar sua abordagem em relação aos seus empregos". O *New York Times* e a NPR seguiram com artigos semelhantes algumas semanas depois. Até mesmo Kevin O'Leary, do programa *Shark Tank*, se manifestou. (Caso você esteja se perguntando, ele foi contra o movimento *quiet quitting*.)

Como tipicamente acontece com as tendências da internet, o movimento *quiet quitting* acabou catalisando uma avalanche de rivalidade e críticas reacionárias. A turma dos que criticam os "jovens de hoje" zombou das declarações do TikTok. Seu valor como pessoa pode não ser definido pelo seu trabalho, eles observaram, mas seu salário como funcionário certamente, sim. Outros acharam a ideia desnecessariamente passiva-agressiva. Se você está insatisfeito com seu trabalho, argumentaram eles, converse com seu empregador. O *quiet quitting* apenas os livra da responsabilidade de administrar um local de trabalho disfuncional. Logo, alguns ativistas entraram na briga online para criticar os criadores de conteúdo originais por não reconhecerem que alguns grupos podem ter mais dificuldade do que outros para seguir o conselho deles. A turma da velha guarda da extrema esquerda, talvez como era de se esperar, tentou superar toda a confusão afirmando que *qualquer* discussão sobre esse tópico era um exercício burguês fútil, já que a única solução real para essas questões é acabar com o capitalismo.

Se estivermos dispostos a deixar de lado esse rebuliço digital, o cerne do *quiet quitting* é uma constatação pragmática: você tem mais controle do que imagina sobre a intensidade da sua carga de trabalho. As táticas dos adeptos do *quiet quitting* são diretas. Eles sugerem, por exemplo, que você não se voluntarie para horas extras, desligue o computador exatamente no fim do expediente, sinta-se confortável em dizer "não" e diminua a expectativa de estar constantemente acessível por e-mail e chat. Como relatam vários adeptos, essas pequenas mudanças podem fazer uma grande diferença no impacto psicológico da sua carga de trabalho. Isso me fez pensar. E se parássemos de posicionar o *quiet quitting* como uma resposta geral à "futilidade do trabalho" e, em vez disso, víssemos a iniciativa como uma tática mais específica para se alcançar a sazonalidade? E se, por exemplo, você decidisse adotar o *quiet quitting* em um único período ano: talvez julho e agosto, ou aquele período cheio de distrações entre o Dia de Ação de Graças e o Ano Novo? Você não anunciaria essa decisão em alto e bom tom. Simplesmente, por falta de uma palavra melhor... Você pode implementá-la *discretamente* antes de retornar, sem alarde, a um ritmo mais normal.

Para que essa ideia funcione, você deve, se possível, providenciar a finalização dos principais projetos antes do início da sua "entressafra" simulada, e esperar para iniciar novos projetos importantes até o seu término. Uma tática avançada aqui é assumir, durante esse período, um projeto de alta visibilidade, mas de baixo impacto, que você possa usar para desviar temporariamente novos trabalhos que surjam: "Eu adoraria liderar o projeto de revisão interna, mas neste mês estou realmente focado em dominar esse novo software de marketing, então vamos esperar até o Ano Novo para começar". O segredo é escolher um projeto de escudo que não exija muita colaboração, reuniões ou mensagens urgentes. Projetos individuais de redação ou pesquisa funcionam bem para mim.

Se você trabalha por conta própria, fica ainda mais fácil programar períodos de menor movimento, já que não precisa se preocupar em esconder seus esforços. Na verdade, como argumentarei mais para frente, os autônomos podem considerar ir ainda mais longe em sua sazonalidade. Por enquanto, porém, a observação principal que motiva esse conselho é que, na maioria das situações de trabalho do conhecimento, é possível desacelerar secretamente por alguns meses a cada ano sem grandes consequências. Um chefe pode notar se você estiver *sempre* desviando dos projetos, e um cliente pode ficar preocupado se você *raramente* estiver disponível para assumir novos trabalhos, mas é improvável que um ou dois meses de um ritmo relativamente mais lento sejam percebidos. Essa estratégia pode não ser tão drástica quanto os verões lânguidos de Georgia O'Keeffe em Lake George, mas qualquer tipo de pausa prolongada desse tipo, mesmo que discreta, pode fazer uma grande diferença na sustentabilidade da sua vida profissional.

UM ANO DE TRABALHO REDUZIDO

Depois da guerra, Ian Fleming, o romancista que viria a escrever os thrillers de espionagem de James Bond, aceitou um emprego na Kemsley Newspapers, uma empresa de mídia britânica mais conhecida por ser proprietária do *Sunday Times*. Fleming foi contratado como gerente de assuntos internacionais, ficando responsável pela extensa rede de correspondentes estrangeiros do grupo. Ele estava bem qualificado para o trabalho, dada sua experiência na Inteligência Naval Britânica — uma posição que o levou ao redor do mundo durante a guerra. O que é relevante para nossos propósitos aqui, no entanto, são menos os detalhes do novo emprego de Fleming e mais o contrato que ele assinou ao aceitar a posição. Fleming fez um acordo com a Kemsley que exigia que ele trabalhasse apenas dez meses por ano. Os outros dois meses seriam de férias anuais.

A motivação para esse acordo incomum surgiu em 1942, quando Fleming, então um comandante de 34 anos, foi enviado à Jamaica como parte da Operação *Golden Eye*, que investigava a possível atividade de submarinos alemães no Caribe. Fleming se apaixonou pela tranquilidade e beleza da ilha e jurou que, quando a guerra acabasse, encontraria uma forma de voltar. A oportunidade de cumprir essa promessa surgiu em 1946, quando soube de uma propriedade de seis hectares, perto da pequena cidade portuária de Oracabessa Bay, que tinha acabado de ser colocada à venda. O terreno não era nada deslumbrante. Era um antigo hipódromo de burros, em um pequeno promontório coberto por vegetação tropical densa. Mas Fleming enxergou potencial. Ele enviou um telegrama a seu agente para comprar a terra e então limpou uma área para construir uma casa térrea modesta, com piso de cimento e encanamento que mal funcionava. "As janelas voltadas para o mar não têm vidros", conta o escritor Patrick Leigh Fermor, que visitou a nova casa de Fleming logo após sua construção, "mas possuem venezianas externas contra a chuva: enormes quadriláteros... Que de certa forma domam os elementos, transformando-os em um afresco em constante mudança do qual nunca se cansa". Em homenagem à sua inspiração, Fleming batizou sua propriedade simplória de Goldeneye.

É por isso que Fleming exigiu dois meses de férias em seu contrato. A cada ano, cumprindo sua promessa, ele agora podia escapar dos invernos tristes de Londres para se deleitar com a calma vida em Goldeneye. Inicialmente, os retiros de Fleming eram puramente hedonísticos. Na ilha, ele mergulhava com snorkel pela manhã, na enseada abaixo de sua casa, e depois se dedicava à farra — compensando, com um vigor decididamente da alta classe britânica, a escuridão de sua experiência de guerra. Mas então, em 1952, a pedido de sua nova esposa, Ann Charteris, Fleming começou a escrever durante as férias na Jamaica. Ela achava que a atividade o distrairia do estresse de sua vida pessoal.* Naquele inverno, ele escreveu um rascunho de *Casino Royale*, romance de James Bond. Ele, então, escreveu mais uma dúzia de livros, sempre seguindo a mesma rotina geral: delinear a trama do novo romance em Londres no outono, escrever um rascunho completo em Goldeneye, trabalhando à

* O estresse específico foi o fato de que ele havia decidido se casar com sua amante depois que ela ficou grávida. Foi a ideia de casamento e paternidade que deixou Fleming deprimido e levou sua nova esposa a recomendar a escrita como uma forma de se distrair. Tudo isso para dizer que Ian Fleming não é alguém que você gostaria de estudar para lições de caráter ou moralidade.

luz natural do sol matinal da Jamaica, e, ao retornar para casa na primavera, trabalhar na edição final antes da publicação.

Há um romantismo nessas histórias sobre fugas sazonais que podem ser imensamente atraentes e frustrantemente impossíveis. Sob o sol tropical do inverno caribenho, Fleming encontrou inspiração para criar um dos personagens mais duradouros da literatura moderna, assim como Georgia O'Keeffe descobriu seu estilo artístico característico no sul das Montanhas Adirondacks. Podemos imaginar alívio e carga criativa semelhantes se também conseguíssemos encontrar uma maneira de passar um tempo prolongado longe de nossas rotinas profissionais todos os anos. Mas o que era fácil para alguém como Fleming na Grã-Bretanha do pós-guerra parece impossivelmente distante da realidade da maioria dos que trabalham com conhecimento no século XXI. Nossa única opção parece ser o estilo de sazonalidade simulada descrito na estratégia anterior. Isso é melhor do que nada, claro, mas não é tão grandioso quanto escapar para a praia.

Mas será que o modelo de Fleming é realmente tão inalcançável hoje em dia? Lembre-se do exemplo de Jenny Blake, que apresentei no capítulo 3. Assim como Fleming, Blake também tira dois meses de folga de seu trabalho a cada ano. Ao contrário de Fleming, no entanto, ela não precisou aproveitar uma posição social de elite para obter favores de seu empregador. Ela administra seu próprio e modesto negócio de treinamento corporativo e simplesmente ajustou seus contratos para manter dois meses do ano livres. Isso reduz sua renda, é claro, mas como Blake me explicou quando discutimos isso, seu objetivo não é ter mais dinheiro, mas ter mais qualidade de vida. Ajustar seu orçamento para sobreviver com aproximadamente 20% menos de renda a cada ano foi uma troca profundamente justa pelos benefícios de uma escapada anual.

O escritor Andrew Sullivan segue um modelo semelhante. Todo mês de agosto, ele foge do calor de Washington, DC, para um pitoresco e charmoso chalé perto da praia em Provincetown, no extremo norte de Cape Cod. O ex-editor da *The New Republic* agora ganha a vida quase inteiramente com assinaturas de sua newsletter. Em teoria, sumir todos os verões não é o ideal para alguém que pede a seus leitores que paguem uma taxa mensal por seus textos, mas seus assinantes não parecem se importar. Sullivan geralmente publica um ensaio no meio do verão sobre suas iminentes férias, muitas vezes cheio de ansiedade. Então retorna semanas depois, cheio de energia, para a satisfação tanto dele quanto de seus leitores.

Outros que adotam um modelo inspirado em Fleming fazem-no de forma menos regular do que Blake ou Sullivan. Por exemplo, no meu livro de 2012, *Bom Demais Para Ser Ignorado*, tracei o perfil de uma desenvolvedora de banco de dados freelance chamada Lulu Young, cujas pausas eram mais improvisadas. Entre grandes projetos, ela costumava dedicar várias semanas para viajar ou para se dedicar a um novo hobby. Quando conversei com ela para o meu livro, ela havia acabado de aproveitar essas brechas para tirar a Master Scuba Diver (que é a mais alta certificação de mergulho recreativo), tirar habilitação como pilota aérea e fazer uma viagem de seis semanas para visitar a família na Tailândia. Dispersa entre essas grandes aventuras, no entanto, ela também encontrava alegria em “matar aula” por um ou dois dias sempre que a inspiração a atingia. “Em muitos desses dias, eu levava um sobrinho ou sobrinha para passear", contou-me. "Provavelmente sou a pessoa que mais foi a museus infantis e ao zoológico na cidade."

Para aqueles que trabalham em escritórios, com chefes e horários padrão, o sonho de escapar completamente por semanas ou meses é difícil de alcançar. No entanto, se você trabalha por conta própria, a principal força que te move para o trabalho o ano todo é provavelmente a convenção cultural. Nada de terrível aconteceu com Fleming, Blake, Sullivan ou Young quando decidiram se afastar de seu trabalho normal por períodos prolongados. Eles podem ter ganhado um pouco menos de dinheiro no curto prazo, mas eu apostaria que, para cada um deles, esse sacrifício valeu muito a pena.

IMPLEMENTE A "SAZONALIDADE CURTA"

A sazonalidade não se refere apenas a desacelerar o trabalho por períodos inteiros. Variar a intensidade em períodos menores também pode ser útil para alcançar um ritmo mais natural. O objetivo geral dessa proposta é ajudá-lo a evitar trabalhar em um estado constante de alta energia e ansiedade, com pouca mudança, ao longo de todo o ano. Passar o verão em Lake George pode interromper esse ritmo artificial, mas tirar uma folga em um dia qualquer da semana, uma ou duas vezes por mês, também pode proporcionar isso. Eu chamo esses esforços mais modestos de sazonalidade curta. Aqui, detalharei quatro sugestões específicas para implementar essa filosofia. A esperança é que, ao conhecer alguns desses exemplos, você possa facilmente criar suas próprias maneiras de injetar mudanças positivas em sua rotina.

Segundas Sem Reuniões

Não agende compromissos neste dia. Não é preciso anunciar publicamente essa decisão. Quando as pessoas perguntarem quando você está livre para uma reunião ou ligação, simplesmente deixe de sugerir horários neste dia específico. Como a segunda-feira representa apenas 20% do seu tempo disponível, geralmente você pode implementar uma proibição de reuniões desse tipo sem que as outras pessoas sintam que você está excessivamente indisponível. No entanto, para você, o benefício é significativo, pois permite uma transição mais gradual do fim de semana para a semana. As noites de domingo se tornam menos onerosas quando o calendário do próximo dia está gloriosamente desocupado. Essa redução de distrações também oferece um bloco consistente de tempo a cada semana para ajudar no progresso de projetos difíceis, mas que são importantes, que tornam o seu trabalho mais significativo. Naturalmente, outros dias também podem funcionar da mesma maneira. Talvez manter as sextas-feiras livres de reuniões funcione melhor para o ritmo do seu trabalho específico, ou você encontre mais valor em fazer isso no meio da semana. A chave desta ideia é manter *uma* espécie de refúgio de paz em meio a um calendário agitado.

Vá ao Cinema Uma Tarde por Mês

Há algo importante que zera sua mente quando você entra num cinema à tarde durante a semana. É algo tão incomum — “a maioria das pessoas está trabalhando agora!” —, que te liberta do seu estado padrão de reatividade ansiosa. Essa transformação mental é purificadora e algo que você deveria buscar regularmente. Minha sugestão é reservar uma tarde para escapar para o cinema uma vez por mês, reservando o tempo no seu calendário com antecedência para que não seja ocupado por um compromisso de última hora. Na maioria dos empregos de escritório, ninguém vai notar se você desaparecer por uma tarde a cada trinta dias aproximadamente. Se alguém perguntar onde você estava, apenas diga que teve um "compromisso pessoal". O que é verdade. Você deve, é claro, ser razoável no planejamento para garantir que não perca algo importante. Se uma emergência surgir, ou uma semana se provar excepcionalmente urgente, você pode remarcar sua "minipausa" para outro dia. Se você se sentir culpado por essa decisão, lembre-se de todas as horas extras que passou verificando e-mails à noite ou trabalhando no laptop no fim de semana. Perder uma tarde da semana apenas equilibra esse saldo. Para colher os benefícios deste conselho, não é necessário assistir a um filme. Outras atividades também podem funcionar. Eu, por exemplo, encontrei benefícios semelhantes ao visitar museus e fazer caminhadas. A observação principal aqui é que mesmo uma agenda modesta de escapadas durante a semana pode ser suficiente para reduzir o cansaço de uma rotina extremamente regular e previsível.

Agende Projetos de Descanso

Pode ser estressante começar a reservar grandes períodos de tempo no seu calendário para um novo projeto importante. Cada novo compromisso adicionado representa menos flexibilidade e um trabalho mais intenso no seu futuro próximo. Conforme a sua agenda fica cada vez mais cheia durante períodos ocupados, uma leve sensação de desespero pode surgir. *Como vou dar conta de tudo isso?* Uma maneira inteligente de equilibrar esse estresse é emparelhar cada grande projeto de trabalho a um projeto de *descanso* correspondente. A ideia é simples: depois de reservar um tempo em sua agenda para um grande projeto de trabalho, programe nos dias ou semanas seguintes um tempo para fazer algo lúdico, não relacionado ao seu trabalho. Por exemplo, talvez você seja um professor designado para presidir um comitê de busca de professores no próximo outono. Talvez essa busca o mantenha ocupado até o início de maio. Para compensar, reserve algumas tardes no final daquele mês para, digamos, finalmente assistir a toda a filmografia de Francis Ford Coppola dos anos 1970, aprender um novo idioma ou colocar a oficina do quintal para funcionar novamente. A chave é obter um equilíbrio proporcional. Trabalho duro leva à diversão. Quanto mais dificuldade você enfrentar, mais diversão terá em seguida. Mesmo que esses projetos de descanso sejam relativamente pequenos em comparação com o trabalho que os desencadeia, esse ritmo de ida e volta ainda pode levá-lo a uma experiência de variação sustentadora.

Trabalhe em Ciclos

A Basecamp, uma empresa de desenvolvimento de software, é conhecida por experimentar práticas inovadoras de gestão. Isso talvez não seja surpreendente, visto que seu cofundador e atual CEO, Jason Fried, certa vez publicou um livro intitulado *O Trabalho Não Precisa Ser uma Loucura*. Uma das políticas mais marcantes da Basecamp é a consolidação do trabalho em ciclos. Cada ciclo dura de seis a oito semanas. Durante essas semanas, as equipes se concentram em objetivos claros e urgentes. Crucialmente, cada ciclo é seguido por um período de "descompressão" de duas semanas, no qual os funcionários podem recarregar as energias enquanto resolvem pequenos problemas e decidem o que enfrentar a seguir. "Por vezes é tentador simplesmente estender os ciclos de trabalho sobre o período de descompressão, para encaixar mais trabalho", explica o manual do funcionário da Basecamp. "Mas o objetivo é resistir a essa tentação."

Essa estratégia abraça a sazonalidade natural do esforço humano. Se a Basecamp exigisse que os funcionários trabalhassem com foco e urgência sem pausa, sua intensidade geral diminuiria à medida que a exaustão se instalasse. Mas, como eles tiram folga regularmente entre os ciclos, o trabalho concluído dentro dos ciclos atinge um nível de qualidade superior. Este último cenário pode acabar produzindo melhores resultados gerais do que o anterior. É também mais sustentável para os funcionários envolvidos.

Adotar alguma ideia de ciclos em seu próprio trabalho pode ser entendido como uma implementação mais estruturada das estratégias de "projeto de descanso" e "pequenas sazonalidades" descritas acima. Você pode propor a ideia de tornar os ciclos uma política formal, usando o manual do funcionário da Basecamp como apoio. Ou, se você se preocupa com a forma como essa sugestão será recebida, pode implementar ciclos silenciosamente, sem que ninguém saiba. Os períodos de descompressão de duas semanas são curtos demais para que você desenvolva a reputação de que está se esquivando de grandes iniciativas. Na verdade, sua intensidade aumentada durante os próprios ciclos provavelmente será mais notada, mudando a opinião do seu empregador a seu favor.

Interlúdio: Jack Kerouac Não Escreveu *On the Road* em Três Semanas?

Em 1959, Jack Kerouac apareceu no *Steve Allen Show*. O objetivo do segmento era promover um disco recém-lançado pela dupla, no qual Kerouac lia poesia acompanhado pelo piano de Allen. Mas a conversa começou com foco no livro que havia tornado Kerouac famoso dois anos antes: *On the Road*. Parte diário de viagem impressionista, parte meditação sobre a filosofia da Geração Beat, o best-seller de Kerouac se definia pelo seu estilo de prosa fluida, inspirada no jazz e no fluxo contínuo de pensamentos. Como declara o narrador Sal Paradise no início do livro:

> Só ligam para mim os loucos, os loucos pela vida, loucos para falar, loucos para serem salvos, desejosos de tudo ao mesmo tempo, aqueles que nunca bocejam ou dizem coisas banais, mas queimam, queimam, queimam como fabulosas velas romanas amarelas.

A prosa flui rapidamente, como se os pensamentos de Kerouac estivessem saltando de sua mente para a página de uma máquina de escrever barulhenta. Durante sua aparição no programa de Steve Allen, Kerouac reforça essa impressão.

"Jack, tenho algumas perguntas simples, mas acho que as respostas vão ser interessantes", diz Allen. "Quanto tempo levou para você escrever *On the Road*?"

"Três semanas", respondeu Kerouac.

"O quê?"

"Três semanas."

Enquanto Kerouac detalhou, ele não apenas escreveu seu livro em uma explosão de energia frenética de três semanas, mas também digitou o manuscrito em um longo rolo contínuo de papel teletipo, permitindo-lhe compor suas palavras sem ter que parar para trocar as folhas da máquina de escrever. Como seu cunhado, John Sampas, comentou mais tarde: "Então ele simplesmente continuou escrevendo, quase sem fôlego, rápido, veloz, porque, citando Jack, a estrada é rápida."

Menciono esta conhecida história da maratona de escrita inspirada de Jack Kerouac porque ela captura perfeitamente uma objeção óbvia ao segundo princípio da produtividade lenta: às vezes, um ritmo natural é lento demais. Essa objeção argumenta que o trabalho importante requer atenção sustentada de alta intensidade, talvez até obsessiva. Estender prazos e variar os níveis de esforço pode ser bom para tornar os esforços medianos mais toleráveis, mas não é compatível com um ótimo trabalho.

Embora seja indiscutivelmente verdade que projetos importantes muitas vezes requerem períodos *temporários* de máxima intensidade, rejeito a ideia de que seja comum que tais projetos sejam completamente finalizados em explosões singulares de energia inabalável. Voltemos, por exemplo, a Kerouac. Como seu cunhado esclareceu em uma entrevista para a NPR, em 2007, quando Kerouac disse a Allen que "escreveu" *On the Road* em três semanas, o que ele realmente deveria ter dito é que fez um rascunho do manuscrito nesse período. Seu esforço total no livro se estendeu por um período muito mais longo: Kerouac trabalhou no romance em seus diários entre 1947 e 1949. Então, após sua famosa maratona de datilografia, ele passou outros seis anos completando mais seis rascunhos diferentes, tentando encontrar uma forma que convencesse uma editora a aceitar.

"Você sabe, Kerouac alimentou esse mito de que ele era o homem da prosa espontânea e que tudo o que ele escrevia nunca era mudado", disse o estudioso de Kerouac, Paul Marion. "[Mas] isso não é verdade. Quero dizer, ele era realmente um artesão supremo e dedicado à escrita e ao processo de escrita." Dito de outra forma, *On the Road* se lê rapidamente, mas o ritmo em que foi composto, como a maioria dos trabalhos que resistem ao teste do tempo, foi na verdade bem lento.

Proposta: Trabalhe Poeticamente

A poeta Mary Oliver personifica a essência do trabalho em ritmo natural. Oliver, que teve uma infância conturbada, encontrou refúgio vagando pelos bosques de sua terra natal, Ohio. "Acho que isso salvou a minha vida", explicou ela em uma rara entrevista de 2015 com Krista Tippett na NPR. Conforme Oliver detalha, em busca de luz durante esse período sombrio, ela se dedicou a observar o potencial poético do mundo natural durante suas longas caminhadas.

> Bom, como eu disse, não gosto de prédios. O único recorde que quebrei na escola foi de faltas. Eu ia muito para a floresta, com livros — Whitman na mochila —, mas também gostava de movimento. Então, comecei apenas com esses caderninhos e rabiscava coisas conforme elas vinham à mente, para mais tarde transformá-las em poemas.

Oliver preservou esse hábito de caminhadas ao ar livre fazendo anotações quando se mudou de Ohio para a Nova Inglaterra, onde se estabeleceu e começou a publicar poemas baseados em descrições pungentes, mas sem firulas, da natureza. O ritmo de Oliver pode ter sido tranquilo, mas sua carreira não pode ser descrita como nada menos que imensamente produtiva. Seu quinto livro de poesia, lançado em 1984, ganhou o Prêmio Pulitzer. Sua coleção de 1992, *New and Selected Poems*, ganhou o National Book Award. Oliver morreu em 2019 como uma das poetas mais lidas e queridas do século passado.

Menciono Oliver para ilustrar minha proposta final sobre o segundo princípio da produtividade lenta: às vezes, cultivar um ritmo natural não se trata apenas do tempo que você dedica a um projeto, mas também do contexto em que o trabalho é concluído. Como argumenta o filósofo francês Gaston Bachelard em *A Poética do Espaço*, não devemos subestimar a capacidade do nosso entorno de transformar nossa realidade cognitiva. Ao discutir o papel da casa, por exemplo, Bachelard soltou a famosa frase: "O espaço habitado transcende o espaço geométrico". A escada não é simplesmente um conjunto de degraus elevados, dispostos em uma ordem regular, mas sim o lugar onde você brincava com seus irmãos nas tardes chuvosas de verão. Suas superfícies e detalhes estão emaranhados em uma complexa rede de experiências humanas.

Essas forças afetam nossos esforços profissionais. Os passeios de Oliver pela floresta não eram apenas para encontrar silêncio. Esse contexto ao ar livre puxou valiosos fios de seu passado, resultando em uma percepção do trabalho mais viva, variada e natural em seu ritmo do que se ela tivesse passado exatamente as mesmas horas escrevendo em uma mesa perfeitamente agradável de escritório em casa. Esta proposição pede que você avalie de forma semelhante o contexto de seu trabalho mais importante através dessa lente poética. Ao cuidar da escolha de espaços físicos e rituais, você pode não apenas transformar a experiência de seus esforços em algo mais interessante e sustentável, mas também explorar de forma mais completa seu brilho latente. O segredo, é claro, está em identificar sua própria versão das longas caminhadas de Mary Oliver pela floresta. Os conselhos concretos a seguir vão ajudá-lo nessa busca.

ADAPTE SEU AMBIENTE PARA O SEU TRABALHO

Uma heurística óbvia para construir um espaço mais eficaz para o seu trabalho é alinhar elementos do seu ambiente físico ao que você está tentando realizar. A poesia com temática da natureza de Mary Oliver, por exemplo, beneficiou-se muito das longas caminhadas por florestas no exato estilo que ela descrevia em seus poemas. Oliver não está sozinha na busca por essa simetria. Muitos escritores aproveitam os detalhes do ambiente para dar base a características específicas de sua obra. Ao compor *Hamilton*, por exemplo, Lin-Manuel Miranda conseguiu permissão para escrever na Morris-Jumel Mansion, a casa mais antiga ainda de Manhattan, que serviu como quartel-general de George Washington durante a Batalha de Harlem Heights e como residência de Aaron Burr durante seus anos como vice-presidente. "Adoro o fato de estarmos apenas alguns andares acima de onde toda essa história aconteceu", explicou Miranda.

Na mata atrás de sua casa, em Woodstock, Nova York, Neil Gaiman construiu um anexo simples como espaço para escrever; apoiado em palafitas baixas, a estrutura tem oito lados e vistas panorâmicas para todos as direções, para arvoredos infindáveis. Uma foto do espaço de Gaiman, publicada online, revela uma escrivaninha simples, um caderno e um binóculo para observar a vida selvagem. Essa configuração faz sentido para um escritor que se vale da observação minuciosa para injetar um naturalismo eficaz em seus cenários sombrios.

Dan Brown, por sua vez, investiu sua fortuna de *O Código Da Vinci* na construção de uma casa personalizada perto da costa em Rye Beach, em New Hampshire, repleta do estilo gótico, típica de seus thrillers populares. Ao apertar um botão escondido na biblioteca, uma prateleira se abre, revelando uma vitrine. Toque o canto de uma pintura na sala de estar e um portal para uma sala secreta aparece. O interior da porta do banheiro é decorado com uma página do caderno de Leonardo da Vinci, escrita de trás para frente para ocultar o conteúdo, como de hábito por Da Vinci. No entanto, quando a porta é fechada, você pode decifrar o texto lendo-o através do espelho do banheiro. Você e eu podemos achar uma casa assim perturbadora e ostentosa, mas, para Brown, esses detalhes imersivos provavelmente o ajudam a entrar no clima de suspense e mistério que permeia seus romances. Mas se você ganha a vida escrevendo thrillers baseados em teorias da conspiração mirabolantes e misteriosas, pode ser exatamente disso que precisa para encontrar o seu ritmo.

Com um pouco de criatividade, esse mesmo princípio pode ser aplicado com efeito similar a muitas profissões que não envolvam escrita: um publicitário pode encontrar inspiração em uma decoração de escritório moderna ao estilo da série *Mad Men*; uma executiva de música pode encher seu escritório de instrumentos; o engenheiro poderia enfatizar a presença de *aparelhos* parcialmente montados. Francis Ford Coppola tem o hábito antigo de manter ferros de solda, interruptores e diodos em seus vários escritórios. Ele adorava brincar com aparelhos eletrônicos quando criança e acredita que a presença das ferramentas o ajuda a se concentrar na importância fundamental de construir coisas do zero. Sempre que vejo um escritório genérico, com suas estantes brancas e enfeites de parede sem personalidade, não posso deixar de pensar em todas as maneiras pelas quais seu ocupante poderia transformar o ambiente em algo mais personalizado para ajudá-lo no trabalho que realiza.

ESTRANHO É MELHOR QUE ESTILOSO

No final dos anos 1960, o escritor Peter Benchley e sua esposa, Wendy, estavam procurando um lugar tranquilo para morar perto da cidade de Nova York. Eles consideraram Princeton, em New Jersey, mas o custo estava fora de cogitação. Por isso, eles ficaram em Pennington, uma pequena comunidade a cerca de treze quilômetros a oeste. Foi ali que Benchley começou a trabalhar em seu primeiro romance, uma história sensacionalista sobre um grande tubarão branco aterrorizando uma cidade litorânea. Sempre estive familiarizado com a conexão entre *Tubarão* e Pennington porque cresci na rua de trás da casa que os Benchley compraram: um galpão transformado em residência, situado em uma propriedade ampla, cercada por coníferas. Quando criança, enquanto fazia a lição de casa em meu quarto no sótão, às vezes gostava de imaginar Benchley contemplando um gramado parecido com o meu, do outro lado da rua, dando forma à sua cena icônica.

Só recentemente descobri, para minha consternação, que Benchley na verdade não escreveu *Tubarão* em sua casa bucólica de Pennington. Como John McPhee revelou num artigo da *New Yorker* em 2021, ele se lembra de Benchley durante esses anos trabalhando em um espaço alugado nos fundos de uma fábrica de fornos. Uma pequena pesquisa, auxiliada pela Sociedade Histórica de Hopewell Valley, esclarece que era a Pennington Furnace Supply, Inc., situada na Brookside Avenue, saindo do extremo norte da Main Street de Pennington. Quando questionada sobre isso mais tarde, Wendy Benchley ainda se lembrava do barulho: "Ele tinha uma mesa bem no meio daquele lugar onde fabricavam os fornos", disse ela. "Bangue! Bangue! Bangue! — e isso não o incomodava".

Benchley não é o único autor que deixava uma casa encantadora para trabalhar em condições objetivamente piores. Maya Angelou, por exemplo, costumava alugar quartos de hotel para escrever, pedindo à equipe que removesse todas as obras de arte das paredes e que entrasse todos os dias apenas para esvaziar as lixeiras. Ela chegava às seis e meia da manhã, com uma Bíblia, um bloco de anotações amarelo e uma garrafa de xerez. Não precisava de escrivaninha; ela trabalhava deitada na cama. Certa vez ela explicou a George Plimpton, em uma entrevista, como esse hábito fez com que um de seus cotovelos ficasse "absolutamente coberto" de calos. David McCullough morava em uma bela casa de telhas brancas em West Tisbury, em Martha's Vineyard. A residência incluía um escritório bem equipado, mas McCullough preferia escrever em um belo galpão de jardinagem em seu quintal. John Steinbeck foi além. No final de sua carreira, ele passava os verões em uma propriedade em Sag Harbor. Steinbeck disse à sua agente literária, Elizabeth Otis, que abandonava esse paraíso à beira-mar para escrever em seu barco de pesca, equilibrando um caderno em uma mesa portátil.

Contei essas histórias sobre espaços excêntricos de escrita em um ensaio que publiquei na primavera de 2021. Na época, a pandemia de coronavírus estava começando a sair da fase de emergência aguda, e as comunidades empresariais estavam começando a se perguntar se o trabalho remoto se tornaria algo mais do que apenas uma resposta de curto prazo a uma crise de saúde. Meu ensaio pretendia servir como um alerta relevante para esta última possibilidade. Escritores profissionais, em certo sentido, foram os primeiros trabalhadores remotos, e observei que, ao estudar seus hábitos, você descobre que eles muitas vezes se esforçam muito para encontrar um lugar — *qualquer lugar* — para trabalhar que não seja dentro de suas próprias casas. Mesmo que isso signifique aturar o barulho ensurdecedor das marteladas de uma fábrica de fornos.

O problema é que a casa está repleta do que lhe é familiar, e o familiar captura nossa atenção, desestabilizando a sutil dança neuronal necessária para pensarmos com clareza. Ao passarmos pelo cesto de roupa suja que está do lado de fora do nosso escritório em casa (também conhecido como nosso quarto), nosso cérebro muda para um contexto de tarefas domésticas, mesmo quando queremos manter o foco em qualquer trabalho urgente que precise ser feito. Esse fenômeno é consequência da natureza associativa do nosso cérebro. Como o cesto de roupa suja está embutido em uma matriz densa e estressante de tarefas domésticas pendentes, ele cria o que o neurocientista Daniel Levitin descreve como "um congestionamento de nós neurais tentando chegar à consciência". Nesse contexto, o trabalho se transforma em mais uma demanda estressante entre muitas.

É por isso que Benchley se refugiou na fábrica de fornos e McCullough em seu galpão de jardinagem. Eles buscavam um espaço mental mais vantajoso para produzir um trabalho significativo. Ao acalmar seu sistema de memória relacional, podiam desacelerar a percepção do tempo e permitir que sua atenção se moldasse mais completamente em torno de uma busca singular. O que importa nessas observações é que a estética de seus espaços de trabalho fora de casa não importava muito. Mary Oliver pode ter encontrado profundidade vagando pelas florestas panorâmicas da Nova Inglaterra, mas Maya Angelou alcançou um efeito semelhante em meio à banalidade esquecível de hotéis baratos. O que importava era a desconexão do familiar. Um local seguro para a concentração criativa não precisa ser uma fortaleza literal. Só precisa estar livre de cestos de roupa suja.

No meu ensaio de 2021, usei essas observações para defender a separação entre trabalho remoto e trabalho em casa. Propus que, se as organizações quisessem fechar os escritórios, deveriam reinvestir essa economia para ajudar os funcionários a encontrar locais de trabalho *perto* de suas casas. Ao libertar esses trabalhadores do peso do familiar, a produtividade e a satisfação gerais aumentariam. Aqui, estou argumentando que você mantenha algo semelhante em mente durante seus esforços individuais para criar ambientes mais propícios para o seu trabalho. Aquilo que é estranho é algo poderoso, mesmo que seja feio. Ao procurar onde trabalhar, tenha cuidado com o que é excessivamente familiar.

RITUAIS DEVEM SER MARCANTES

Os cultos de Mistérios da Grécia Antiga são frequentemente mal compreendidos. Como Karen Armstrong explica em seu magistral livro publicado em 2009, *Em Defesa de Deus o Que a Religião Realmente Significa* os rituais de mistérios desenvolvidos no século VI a.C. não eram "nem um abandono nebuloso da racionalidade nem um deleite em bobagens". Diferentemente, foram cuidadosamente construídos para induzir efeitos psicológicos específicos nos *mystai* (iniciados) que os realizavam.

Considere, por exemplo, os Mistérios de Elêusis, celebrados anualmente na cidade de Elêusis, a oeste de Atenas, que homenageiam a jornada da deusa Deméter a Elêusis em busca de sua filha Perséfone. Armstrong observa que Elêusis provavelmente era o local de algum tipo de festival de outono desde a era Neolítica, mas foi no século VI que a cidade construiu um enorme salão de culto novo para abrigar uma experiência mais formalizada e poderosa. Todo outono, um novo grupo de mystai se oferecia para participar do ritual. Eles começavam em Atenas com dois dias de jejum. Em seguida, sacrificavam um leitão em homenagem a Perséfone e iniciavam a caminhada de aproximadamente trinta quilômetros até Elêusis. Os iniciados do ritual do ano anterior se juntariam aos novos mystai na jornada, importunando-os e ameaçando-os enquanto gritavam repetidamente a Dionísio, deus do vinho e do êxtase, com o objetivo, como escreve Armstrong, de eventualmente "levar a multidão ao frenesi da excitação". Depois de finalmente chegarem a Elêusis, após o anoitecer, exaustos e ansiosos, os mystai eram conduzidos pelas ruas à luz de tochas, aumentando sua sensação de desorientação antes de serem finalmente levados para a completa escuridão do salão de iniciação.

Os detalhes da cerimônia que se desenrolava dentro do salão eram mantidos em segredo, então só temos fragmentos e sugestões sobre seus pormenores. Provavelmente havia sacrifícios de animais e revelações místicas. Armstrong argumenta que provavelmente também havia um "evento chocante", como uma criança ser preparada para ser jogada no fogo, para ser salva apenas no último momento — tudo isso acontecia em um cenário de alternância de escuridão e luz, chamas tremeluzentes e sons incomuns. Segundo alguns relatos, os eventos culminavam "alegremente" com um quadro vivo representando o retorno de Perséfone do submundo e o reencontro com sua mãe.

Como explica Armstrong, os Mistérios de Elêusis não tratavam de transmitir uma doutrina racional que os iniciados deveriam acreditar. Se você escrevesse uma descrição completa da cerimônia, pareceria, de uma perspectiva objetiva, boba e aleatória. Os Mistérios tinham a ver, na verdade, com o estado psicológico que induziam. Muitos participantes relataram sair dos rituais sem medo da morte. Alguns descreveram a experiência como um momento de possessão divina. Armstrong resume, "em um excelente resumo do processo religioso, Aristóteles mais tarde deixaria claro que os mystai não iam a Elêusis para aprender (*mathein*) mas para ter uma experiência (*pathein*) e uma mudança radical de mentalidade (*diatethenai*)".

Neste relato sobre os cultos de Mistério da Grécia Antiga, aprendemos algo importante sobre rituais em geral. Seu poder não está nos detalhes específicos de suas atividades, mas no efeito transformador que essas atividades têm na mente. Quanto mais marcantes e notáveis forem os comportamentos, maior a chance de se induzir mudanças benéficas. As longas caminhadas de Mary Oliver pela floresta fornecem um bom estudo de caso. Conforme a quilometragem aumentava e ela se aventurava mais profundamente no ambiente florestal, que acionava muitos pontos de ancoragem emocionais, seu estado mental se transformava em algo mais cru e receptivo. Presumivelmente, se ela tivesse ficado sentada apenas na beira da floresta, o impacto teria sido diminuído. O ritual da longa caminhada era tão necessário quanto o ambiente para despertar sua criatividade.

As opções para essas cerimônias poéticas são vastas. Em *Os Segredos dos Grandes Artistas*, Mason Currey cataloga uma variedade de rotinas excêntricas e transformadoras da mente desenvolvidas por dezenas de grandes pensadores e criadores. David Lynch, por exemplo, pedia um milk-shake de chocolate grande em um restaurante *Bob's Big Boy*. Ele então aproveitava a onda de energia provocada pelo açúcar para extrair ideia após ideia de seu subconsciente, muitas vezes rabiscando-as em guardanapos. N. C. Wyeth acordava às 5 horas da manhã para cortar lenha por mais de uma hora antes de subir a colina em direção ao seu estúdio. Anne Rice escreveu *Entrevista com o vampiro* tarde da noite, recuperando o sono durante o dia — a escuridão silenciosa a colocava na mentalidade certa para criar sua história gótica. Quando morava perto da vila francesa de Ain, Gertrude Stein acordava às 10 horas da manhã, tomava uma xícara de café e então tomava banho em uma banheira enorme. Depois de se vestir, ela dirigia pelos arredores com sua companheira, Alice B. Toklas, procurando um lugar auspicioso para trabalhar. Uma vez encontrado o local, Stein se acomodava em um banquinho de acampamento com um lápis e um bloco de papel e começava a escrever.

Aqui, meu conselho tem duas partes. A primeira é criar seus próprios rituais para o trabalho, que você considera mais importante. A segunda, ao fazer isso, é garantir que seus rituais sejam marcantes o suficiente para mudar efetivamente seu estado mental para algo mais compatível com seus objetivos. O segundo princípio da produtividade pede que você trabalhe em um ritmo mais natural. É apropriado que esta sugestão sobre rituais encerre este capítulo, pois existem poucas estratégias que transformarão sua percepção do tempo de forma mais eficaz, afastando sua experiência da ansiedade e levando-a para um estado mais natural e sublime, e, para isso, nada melhor do que adicionar um toque de mistério poético aos seus esforços.

5 PERSIGA A QUALIDADE

O Terceiro Princípio da Produtividade Lenta

No início dos anos 1990, um contexto incomum começou a se desenrolar em uma rua perto de Pacific Beach, um point de surfe em San Diego famoso entre praticantes de longboard. Nas noites de quinta-feira, uma multidão se reunia na cafeteria Inner Change. No começo, o grupo era pequeno. Com o passar das semanas, foi crescendo até ocupar todo o modesto café. O público se acumulava na calçada do lado de fora, olhando através da vitrine do estabelecimento e ouvindo a música de dentro retransmitida por um pequeno conjunto de caixas de som.

A atração era uma cantora e compositora de 19 anos que se apresentava apenas pelo primeiro nome: Jewel. Naquela época, Jewel vivia em seu carro, mal se sustentava fazendo bicos e apresentações de rua na orla de San Diego. Sua vida era precária. Pouco antes de sua incrível sequência de shows no Inner Change Coffeehouse, ela estava doente com uma infecção renal, febril e vomitando no banco de trás do carro, em frente ao pronto-socorro de um hospital que recusou atendimento por falta de seguro médico. Um médico que presenciou a cena a encontrou no estacionamento e lhe deu tratamento gratuito com antibióticos — e provavelmente salvou sua vida.

O que ajudou Jewel durante esse período foi sua habilidade de realizar apresentações incríveis de música folk sozinha no palco, apenas com seu violão. Essa era uma habilidade que ela cultivou ao longo de quase toda sua vida. Quando criança, seus pais tinham um musical que se apresentava em diversos hotéis turísticos em Anchorage, no Alasca. Aos 5 anos, Jewel passou a se juntar aos pais no palco, usando uma roupa suíça feita à mão para cantar em *yodel* (seus avós paternos haviam emigrado da Suíça para o Alasca). Ela praticou incansavelmente para dominar a técnica, o que lhe forneceu uma base de controle vocal que mais tarde utilizaria com grande efeito em sua carreira profissional.

Os pais de Jewel se divorciaram quando ela tinha 8 anos. Sua mãe partiu, deixando o pai para criar os filhos sozinho. Ele se retirou para a propriedade da família, localizada fora do centro de pesca de halibute em Homer, no Alasca. Logo, a família estava sobrevivendo apenas com a renda da música, e Jewel assumiu o papel de sua mãe no show, fazendo harmonia para o vocal principal de seu pai, enquanto seu irmão cuidava do som. As apresentações em hotéis luxuosos desapareceram, e a família agora tocava longos sets em "botecos caipiras, bares de estrada, restaurantes e locais frequentados por trabalhadores". Jewel se lembra de gostar mais dos bares de motoqueiros, pois os homens grisalhos e suas esposas duronas a protegiam.

O resto da infância de Jewel se desenrolou de maneira incerta. Ela ia e voltava de Homer a Anchorage, continuando a fazer turnês com o pai por todo o estado. Eles visitaram cidades e também povoados remotos no interior, fazendo uma série memorável de apresentações para aldeias inuítes isoladas. Na adolescência, morando sozinha em uma pequena cabana e, acredite se quiser, indo para o trabalho na cidade a cavalo (ela ainda não tinha carteira de motorista), Jewel conheceu um instrutor de dança chamado Joe que estava dando um curso de duas semanas em Homer. Joe também era professor na prestigiosa Interlochen Arts Academy, localizada em um terreno de 485 hectares bem-cuidados nos arredores de Traverse City, Michigan. Impressionado pela voz de Jewel, que tinha uma maturidade precoce por uma infância de maratonas de apresentações, Joe a ajudou a navegar pelo processo de inscrição e audição da Interlochen. Jewel foi aceita, mas demorou um pouco para se adaptar à nova cultura: logo após sua chegada, foi chamada ao escritório do diretor, onde a informaram que não era apropriado andar pelo campus com uma faca de esfolar presa à perna.

Na Interlochen, Jewel recebeu treinamento vocal profissional e, de maneira mais geral, teve seu primeiro contato com a arte como um empreendimento sério. Algo talvez igualmente importante, foi durante esse período que ela começou a compor músicas. Sem recursos para viajar de volta ao Alasca nas férias escolares, ela aproveitava a companhia de seu violão nos dias em que as salas de aula estavam fechadas. Assim, ela escreveu as primeiras versões de canções como "Who Will Save Your Soul" e "You Were Meant for Me", usando as imagens e sons de suas viagens como inspiração.

Após a formatura, Jewel mais uma vez vagou pelo país, chegando finalmente a San Diego, onde sua mãe havia se estabelecido. Elas moraram juntas por um tempo, mas não conseguiram pagar a casa e a perderam. Foi nessa época que Jewel se mudou para seu carro, e encontrou um lugar para estacionar perto de uma linda árvore florida, não muito longe de Pacific Beach. Certa tarde, enquanto caminhava de volta para essa vaga, ela se deparou pela primeira vez com a cafeteria Inner Change, que parecia ter visto dias melhores. Jewel se apresentou à proprietária, Nancy. Elas bateram papo e Nancy revelou que planejava fechar seu negócio. Num impulso, Jewel lhe fez uma proposta:

"Você acha que consegue segurar as pontas por mais dois meses?"

"Por quê?", perguntou Nancy.

"Se eu atrair clientes, posso ficar com a grana da entrada, e você fica com toda a renda do café e da comida. Assim, poderíamos tentar salvar o negócio juntas."

Nancy concordou com o plano; Jewel pegou o violão e foi para a orla de San Diego divulgar o show. Conforme as pessoas paravam para ouvir sua música, ela as convidava para vê-la no Inner Change naquela quinta-feira à noite. Para sua primeira apresentação na cafeteria, Jewel só conseguiu convencer um grupo de surfistas. Mas aquela plateia minúscula não impediu Jewel de "despejar sua alma" na performance. Como ela mesma lembra:

> Quando aquelas pessoas apareceram, eu simplesmente expus minha alma. Não me segurei, não suavizei nada. E elas gostaram de mim. Sei que pode parecer superficial, mas não era. Era eu de forma autêntica. Nua e crua. E as pessoas choraram. E eu chorei. Era uma

> conexão muito real. Pela primeira vez na vida eu tive uma conexão humana real e significativa, e não foi assustadora, foi boa.

A vida de Jewel até então tinha sido esculpida pelas forças do talento e da dor, entrelaçadas. Quando ela decidiu expor sua alma, o resultado foi autêntico, bruto e, segundo a maioria dos relatos, espetacular. A notícia se espalhou rapidamente. A primeira apresentação pode ter sido para uma plateia de apenas dois ou três surfistas, mas o público começou a dobrar a cada semana. Em apenas seis meses, os fãs lotavam o café e até a calçada. Logo depois, executivos de gravadoras começaram a aparecer em limusines para ouvir a jovem sensação. "Todas as gravadoras vieram; todas", lembra Jewel. Então começaram a levá-la para reuniões em escritórios luxuosos. Uma guerra de ofertas eclodiu, levando a um bônus de contratação de *1 milhão de dólares* colocado na mesa.

É aqui que a história de Jewel se torna relevante para a nossa discussão sobre produtividade lenta. Sobrecarregada por essa reviravolta tumultuosa em sua vida — sentindo-se ambiciosa e aterrorizada ao mesmo tempo — ela tomou uma decisão inesperada. Assinaria um contrato, mas não queria o dinheiro. "Eu recusei o adiantamento", lembrou ela. "Recusei um bônus de 1 milhão de dólares. Mesmo sendo mais uma pessoa em situação de rua."

No início da carreira, quando suas performances cativantes no Inner Change Coffeehouse começaram a chamar atenção, Jewel não tinha nem empresário nem advogado. Intimidada pelos convites para jantar feitos por executivos de gravadoras após seus shows de quinta à noite, Jewel decidiu se informar sobre a indústria da música. Uma visita à biblioteca e encontrou um livro intitulado *All You Need to Know About the Music Business* ["Tudo o que você precisa saber sobre o mercado da música", em tradução livre]. Foi ali que ela aprendeu o que seria o pagamento de adiantamento. Jewel fez alguns cálculos rápidos e percebeu que, para a gravadora recuperar um bônus de 1 milhão de dólares, ela teria que vender um enorme número de discos quase imediatamente. Isso parecia improvável, dado o fato de que ela era uma artista folk em um período em que o grunge dominava a indústria, e que ela tinha menos de um ano de carreira como artista profissional, em grande parte tocando na mesma cafeteria.

"Eu precisava me colocar em um ambiente e em uma posição para dar certo como cantora e compositora", ela se lembrou de ter pensado, e, para fazer isso, precisei ser econômica. Se ela não custasse muito dinheiro à gravadora, Jewel raciocinou, eles seriam menos propensos a dispensá-la se ela não fosse um sucesso imediato. Por sua vez, isso lhe proporcionaria a liberdade necessária para aprimorar sua arte e buscar algo novo e excepcional com a música. "Eu estava fazendo isso para me colocar em uma posição onde a minha arte viesse em primeiro lugar", explicou mais tarde. "Para não comprometer minha arte indevidamente." Ela adotou um lema para sua intencionalidade: "A pressa é inimiga da perfeição".

Essa ênfase na qualidade em detrimento de retornos financeiros rápidos ficou evidente com sua escolha de produtor. Sua gravadora, Atlantic Records, apresentou vinte nomes diferentes para Jewel considerar, muitos deles figurões da indústria, valorizados por sua habilidade de criar sucessos pop. Jewel, no entanto, buscava algo diferente: um som mais cru e autêntico, então recusou todas as vinte opções. Nesse período, Jewel e seu empresário estavam ouvindo *Harvest Moon*, de Neil Young. Ela percebeu que *esse* era o som que queria. Eles viraram o CD para descobrir o nome do produtor: Ben Keith. Jewel pediu a seu empresário que ligasse para Keith e perguntasse se ele trabalharia no álbum. Ele concordou. Jewel deixou a agitação de Los Angeles para passar várias semanas no rancho de Neil Young, no norte da Califórnia, trabalhando em faixas para seu disco com a banda de apoio de Young, os Stray Gators.

Quando o primeiro álbum de Jewel, *Pieces of You*, foi finalmente lançado, em 1995, não teve sucesso imediato. "As rádios me odiaram, odiaram muito, me odiaram veementemente", explicou Jewel. "Quer dizer, imagine Nirvana e Soundgarden, e então você ouve uma música como 'You Were Meant for Me', e pensa, 'não'." Mas, como ela não custava muito dinheiro para a gravadora, não a dispensaram. Isso permitiu que Jewel concentrasse sua energia em construir uma base de fãs por meio de turnês, o que ela passou a fazer de forma incansável, assumindo o que ela descreveu como "uma carga de trabalho tremenda". Fiel ao seu plano, Jewel manteve suas despesas baixas. Em vez de ter um ônibus e um manager de turnê, ela viajava de forma econômica em um carro alugado e se apresentava sem banda. Em um ponto, ela até se juntou a um grupo chamado Earth Jam, que lhe fornecia transporte gratuito para seus shows se ela concordasse em participar de uma mostra temática ambiental que eles organizaram para escolas de ensino médio da região durante o dia.

As vendas continuavam estagnadas, e a pressão aumentava para Jewel mudar para um gênero musical mais lucrativo. Em certo ponto, ela se retirou para um estúdio de gravação em Woodstock, Nova York, para começar a gravar seu segundo disco, que apresentava letras mais intensas e angustiantes, mais adequadas ao estilo alternativo inspirado no grunge da época. Ela também concordou com o plano de sua gravadora de contratar um produtor em ascensão chamado Juan Patiño, famoso na época por seu trabalho no single de sucesso de Lisa Loeb, "Stay", para reeditar "You Were Meant for Me" em um estilo mais acelerado e pop. ("Eu odiei", foi a reação secreta de Jewel à edição de Patiño.) Felizmente, foi exatamente nesse momento de tentações que Neil Young ligou e pediu para Jewel abrir seus shows junto com Crazy Horse durante sua turnê atual. Esperando no palco, Young percebeu a ansiedade de Jewel. Ele perguntou o que estava errado. Ela desabafou sobre todas as pressões e estresse que estava sentindo. Em resposta, ele lhe deu um conselho crucial: "Nunca escreva pensando na rádio. Nunca".

Jewel seguiu o conselho de Young e voltou ao seu plano de ir devagar e focar a qualidade. Ela descartou o segundo álbum que estava parcialmente completo e deixou a versão de Patiño de "You Were Meant for Me" de lado. Em vez disso, intensificou seus esforços em fazer turnês, concentrando-se em campus e estações de rádio universitárias. Esta estratégia finalmente começou a dar frutos, e seu primeiro single, "Who Will Save Your Soul", ficou nas paradas por pouco tempo. Então, ela aplicou tudo o que havia aprendido com suas intensas turnês e editou uma versão nova melhorada de "You Were Meant for Me". Ela sentia que estava muito nervosa na faixa original, gravada no início de sua carreira profissional no rancho de Neil Young, e que seu desconforto ao tocar com uma banda ficou evidente. Sua nova versão estava mais solta e comovente, contando com seu amigo de longa data Flea, dos Red Hot Chili Peppers, tocando baixo. As vendas do álbum de Jewel deram um salto.

Depois que ela lançou um videoclipe sensual para "You Were Meant for Me", explodiram. O disco passou de alguns milhares de cópias vendidas ao longo do primeiro ano para perto de 1 milhão de cópias por mês. "Foi impressionante", lembrou Jewel. "Uma pequena bola de neve tinha ganhado impulso suficiente para causar uma mudança no curso das coisas." A pressa é inimiga da perfeição.

A estratégia de Jewel de priorizar a arte sobre a fama fornece um bom estudo de caso do terceiro e último princípio da produtividade lenta: obsessão pela qualidade. Como descrito na definição abaixo, quando você concentra sua atenção em produzir o melhor trabalho possível, um ritmo mais humano se torna inevitável:

PRINCÍPIO #3: OBSESSÃO PELA QUALIDADE

Seja obcecado pela qualidade do que você produz, mesmo que isso signifique perder oportunidades a curto prazo. Aproveite o valor desses resultados para ganhar cada vez mais liberdade em seus esforços a longo prazo.

As seções que se seguem neste capítulo vão explorar a frutífera conexão entre qualidade e produtividade lenta destacada pela história de Jewel. A qualidade exige que você desacelere. Uma vez alcançada, ela também o ajuda a assumir o controle sobre seus esforços profissionais, fornecendo a alavanca necessária para você se afastar ainda mais da agitação. Essas seções explicativas serão seguidas por um par de propostas que oferecem conselhos práticos para introduzir a obsessão pela qualidade em sua própria vida.

Há uma razão pela qual este princípio é apresentado por último: ele é a cola que mantém a prática da produtividade lenta unida. Fazer menos coisas e trabalhar em um ritmo natural são componentes absolutamente necessários dessa filosofia, mas, se somente esses princípios anteriores forem implementados, sem uma obsessão concomitante pela qualidade, eles podem acabar desgastando sua relação com o trabalho ao longo do tempo, fazendo com que seus esforços profissionais pareçam uma imposição que você precisa controlar. É na obsessão pelo que você está produzindo que a lentidão pode transcender seu papel como apenas mais uma estratégia nos áridos campos de batalha entre trabalho e vida pessoal, e tornar-se um imperativo necessário — um motor que impulsiona uma vida profissional significativa.

Dos Acordos com Gravadoras à Liberdade do E-mail; ou Por que os Trabalhadores do Conhecimento Devem Ser Obcecados Por Qualidade

A importância da qualidade é evidente no contexto dos artistas. Jewel era muito boa em cantar, então a Atlantic Records lhe ofereceu um adiantamento de 1 milhão de dólares. Quando voltamos nossa atenção para o trabalho intelectual, essas conexões se tornam obscuras. A maioria de nós não faz apenas uma coisa sobre a qual nosso desempenho profissional é avaliado, como cantar ou atuar em filmes. Ao contrário, a característica essencial do trabalho intelectual é, a habilidade de equilibrar muitos objetivos diferentes. Como professor, eu dou aulas, preencho relatórios, supervisiono estudantes, participo de comitês, escrevo artigos, viajo para apresentar esses artigos e me esforço para formatá-los para publicação. No momento, tudo parece importante. A maioria dos outros trabalhos neste setor é igualmente variada.

Mesmo no trabalho intelectual, no entanto, se olharmos mais de perto, muitas vezes podemos encontrar entre nossas ocupadas listas de afazeres uma ou duas atividades principais que realmente importam mais. Quando os professores se candidatam à promoção, muitas das atividades diárias que ocupam nosso tempo não são tão relevantes na decisão final. O processo de promoção geralmente se baseia em cartas confidenciais e detalhadas, solicitadas a acadêmicos proeminentes, que discutem e debatem a importância e o impacto da pesquisa do candidato em seu campo acadêmico. No final das contas, o que realmente importa são os excelentes artigos de pesquisa que o candidato tenha produzido. Se um professor não tiver contribuído significativamente para fazer sua área acadêmica evoluir por meio de sua pesquisa, mesmo que tenha uma lista de afazeres ocupada e cheia de tarefas, isso pode não ser suficiente para garantir a promoção. Outros trabalhos intelectuais têm atividades principais semelhantes escondidas dentro do turbilhão de tarefas cotidianas. Assim como Jewel precisava ser uma ótima cantora, o designer gráfico precisa produzir uma arte eficaz, o diretor de desenvolvimento precisa conseguir dinheiro, o profissional de marketing precisa vender produtos e o gerente precisa liderar uma equipe para ser bem-sucedida.

O terceiro e último princípio da produtividade lenta pede que você se mantenha obcecado pela qualidade das atividades principais em sua vida profissional. O objetivo aqui não é se tornar realmente bom no seu trabalho pelo simples fato de que isso é bom (embora isso seja ótimo). Como vou argumentar a seguir, você deve se concentrar na qualidade do que produz porque a qualidade se revela conectada de maneiras inesperadas ao nosso desejo de escapar da pseudoprodutividade e adotar algo mais lento.

A parte que mais chama atenção na história de Jewel é o adiantamento de 1 milhão de dólares que lhe foi oferecido. No entanto, para nossos propósitos, o mais importante é o fato de que ela recusou essa oferta. Como explicado, ela percebeu que precisava elevar sua arte a um nível superior de qualidade para sustentar uma longa carreira na indústria da música. Ao recusar o dinheiro, ela se tornou uma aposta econômica mais barata para a gravadora e, portanto, comprou tempo para melhorar. Esse mesmo efeito se aplica a muitos campos diferentes: a obsessão pela qualidade frequentemente exige que você desacelere, pois o foco necessário para melhorar simplesmente não é compatível com a agitação.

No contexto do trabalho intelectual, talvez o exemplo mais famoso de qualidade exigindo lentidão seja o retorno triunfante de Steve Jobs à Apple. Quando Jobs assumiu como CEO interino, em 1997, a empresa havia acabado de passar por um trimestre em que suas vendas caíram 30%. Jobs rapidamente avaliou que o problema da Apple estava relacionado à dispersão de suas linhas de produtos (em resposta às demandas dos varejistas, a empresa havia desenvolvido inúmeras variações de seus computadores principais, incluindo uma dúzia de versões diferentes do outrora aclamado Macintosh). Segundo o biógrafo de Jobs, Walter Isaacson, ele começou a perguntar aos principais gestores algo simples: "Quais deles eu devo dizer aos meus amigos para comprar?" Quando eles não conseguiram fornecer uma resposta clara, ele decidiu simplificar a linha de produtos da Apple para apenas quatro computadores: um desktop e um laptop para uso profissional, e um desktop e um laptop para uso doméstico. Não haveria confusão sobre qual máquina da Apple era a certa para você.

Igualmente importante, essa simplificação permitiu que a Apple concentrasse seus esforços em qualidade e inovação, fazendo com que seus poucos produtos se destacassem. Este foi o período, por exemplo, em que foram lançados o iMac colorido e arredondado, e o laptop iBook em formato de concha. A decisão de trocar complexidade por qualidade funcionou. Durante o primeiro ano fiscal de Jobs, quando seu plano ainda estava sendo implementado, a Apple perdeu mais de 1 bilhão de dólares. No ano seguinte, ela gerou um lucro de 309 milhões de dólares.

"Decidir o que não fazer é tão importante quanto decidir o que fazer", explicou Jobs.

Essa relação entre qualidade e lentidão também existe em escalas menores. Meu levantamento entre os leitores incluiu diversos estudos de caso com pessoas que descobriram que a busca pela qualidade exigia simplicidade. Por exemplo, um consultor chamado Chris elevou significativamente a qualidade do trabalho de sua equipe ao limitar o uso de e-mails a uma hora pela manhã e meia hora à noite, enquanto também exigia que sua equipe dedicasse três horas diárias ao trabalho aprofundado à tarde, sem reuniões, mensagens ou ligações. Uma diretora de pesquisa chamada Abby compartilhou uma história semelhante. Ela estava "dividida em 1 milhão de projetos", o que a deixava exausta. Quando assumiu um novo cargo, decidiu adotar uma estratégia diferente: concentrar sua energia em exatamente dois grandes objetivos. Essa clareza permitiu que ela se afastasse de uma rotina mais frenética e agitada de trabalho. "Manter esses dois grandes objetivos em mente me ajuda a descobrir o que recusar e como dosar meu ritmo", explicou ela. Um consultor de organizações sem fins lucrativos chamado Bernie também usou uma "visão claramente definida" para desacelerar e focar seu trabalho. Como ele resumiu: "Pouco trabalho de qualidade todos os dias produzirá resultados mais satisfatórios do que muito trabalho frenético acumulado sempre".

O primeiro princípio da produtividade lenta argumenta que você deve fazer menos coisas porque a sobrecarga não é uma abordagem humana nem pragmática para organizar seu trabalho. No entanto, o foco deste terceiro princípio na qualidade transforma a simplicidade profissional de opção para um imperativo. Uma vez que você se comprometa a fazer algo muito bem, a agitação se torna intolerável. Em outras palavras, este terceiro princípio te ajuda a aderir ao primeiro. Como veremos a seguir, ao retornarmos à história de Jewel, essa relação entre qualidade e fazer menos coisas também inclui outra camada mais sutil.

....

Em 1998, após o sucesso meteórico de seu álbum de estreia, Jewel lançou seu segundo trabalho, *Spirit*, que estreou na terceira posição da Billboard e vendeu mais de 350 mil cópias na primeira semana. Para promover o disco, Jewel embarcou em uma turnê internacional de seis meses. Nessa mesma época, ela fez sua estreia no cinema, no filme *Cavalgando com o Diabo*, de Ang Lee. A pressão aumentou para que ela se mudasse permanentemente para Los Angeles, onde poderia fazer testes para mais papéis no cinema entre os lançamentos de discos. Foi nesse momento de pico do embalo, no entanto, que Jewel começou a ter dúvidas. "Eu simplesmente não tinha certeza se gostava daquilo em que minha carreira havia se tornado", ela escreveu em sua autobiografia. "Ela foi se transformando em algo cada vez maior, até se tornar uma máquina que me consumia." Rompendo com a lógica de aproveitar o momento da indústria do entretenimento, Jewel decidiu desacelerar. Em vez de se mudar para LA, mudou-se para um rancho no Texas com seu namorado na época, o peão de rodeio Ty Murray, explicando: "Eu não precisava ser mais rica ou famosa". Ela nunca mais fez uma turnê internacional.

Como estabelecemos anteriormente, buscar alta qualidade exige que você desacelere. Na história de Jewel, que saiu do caminho acelerado da indústria, invertemos a direção da influência entre esses dois conceitos. Para explicar melhor o que quero dizer aqui, vamos deixar o mundo raro das turnês internacionais e voltar nossa atenção para uma casa moderna e modesta, escondida no fim de uma longa rua, dentro da floresta da Ilha de Vancouver. É aqui que encontramos Paul Jarvis. É difícil descrever exatamente o que Jarvis faz para viver, além de passar um tempo em frente à tela do computador e outra quantidade significativa de tempo ao ar livre, fazendo caminhadas e cuidando de seus jardins. Em certo sentido, como veremos, a indiscutibilidade é o ponto central.

Eu conheci Jarvis quando seu editor me enviou uma cópia de seu livro publicado em 2019, *Company of One*. Fiquei impressionado com a ousadia de sua premissa: não amplie seu negócio. Ele argumenta que, se você for sortudo o suficiente para que seus empreendimentos comecem a ter sucesso, deve usar esse sucesso para ganhar mais liberdade em vez de mais receita. Vamos exemplificar. Imagine que você cobre $50 por hora como web designer. Supondo quarenta horas de trabalho por semana, cinquenta semanas por ano, isso resulta em um salário anual de $100.000. Agora imagine que depois de alguns anos nesse nível, suas habilidades se expandam e a demanda pelos seus serviços aumente. O movimento padrão seria ampliar seu negócio. Se você contratasse vários designers, poderia expandi-lo para o ponto em que estaria gerando milhões em receita anual e proporcionando a si um salário muito acima de $100.000 por ano. Se você continuasse esse crescimento, poderia até um dia ter uma empresa valiosa o suficiente para vendê-la por um valor com sete dígitos.

Em seu livro, Jarvis propõe que você considere uma alternativa. E se, após sua reputação se espalhar, em vez de expandir o negócio, você aumentasse sua hora de trabalho para $100? Assim, poderia manter seu mesmo salário anual de $100.000 trabalhando apenas 25 semanas por ano — criando uma vida profissional com uma quantidade impressionante de liberdade. Claro, seria bom receber sete dígitos por uma venda dez anos depois, mas considerando todo o estresse e correria necessários para construir um negócio desse tamanho, não está claro se você realmente acabaria em um lugar mais notável do que no cenário em que consegue reduzir seu trabalho pela metade imediatamente.

A filosofia de Jarvis se reflete nas decisões que ele tomou em sua própria vida profissional. Ele estudou ciência da computação na faculdade, mas também tinha um talento natural para artes visuais. Durante o primeiro boom da internet nos anos 1990, essas duas habilidades provaram ser a combinação perfeita para o sucesso no emergente meio do design de websites. Jarvis produziu vários sites chamativos por conta própria, o que logo resultou em ofertas de emprego. Pouco tempo depois, ele era um ocupado web designer vivendo no centro de Vancouver, “em um cubículo de vidro no céu”. Ele sentiu a pressão comum de expandir seu pequeno negócio: mais receita significaria um apartamento melhor e mais prestígio. Mas, mesmo que suas habilidades crescentes apoiassem bem esse caminho profissional que estava sendo bem trilhado, seu coração não dizia o mesmo. “Minha esposa e eu já tínhamos vivido o suficiente na cidade”, ele lembrou em uma entrevista de 2016. “Já tínhamos dado muito sangue e suor ali e queríamos algo diferente.” Reconhecendo que seu trabalho de design freelancer poderia ser feito de qualquer local com conexão à internet, eles se mudaram para uma área florestal nos arredores de Tofino, na costa do Pacífico da Ilha de Vancouver, para que sua esposa, que era surfista, pudesse desfrutar das famosas ondas da cidade.

Como descobriram, a frugalidade é fácil quando se vive nas matas da Ilha de Vancouver, pois não há muitas oportunidades de se gastar dinheiro. "Quando você está isolado, não há ninguém para fazer as coisas por você, então você precisa fazer muita coisa por si mesmo", explicou Jarvis. Libertado da necessidade de aumentar sua renda para acompanhar os gastos da cidade, Jarvis aproveitou suas habilidades crescentes para manter suas responsabilidades de trabalho flexíveis e controladas. Inicialmente, ele focou contratos de design freelance. Como estava em alta demanda, conseguiu manter seus valores altos e o número de projetos reduzido. No fim das contas, cansado dos prazos e da comunicação com os clientes, ele explorou maneiras de transformar mais suas habilidades e reputação para alcançar ainda mais tranquilidade. Começou a experimentar cursos online voltados para diversos nichos relevantes à comunidade de freelancers. Também começou a hospedar dois podcasts e se dedicou ao lançamento discreto de ferramentas de software voltadas para mercados específicos, incluindo, mais recentemente, o Fathom Analytics, uma alternativa ao Google Analytics que preserva melhor a privacidade do usuário.

É difícil detalhar a lista completa de coisas em que Jarvis tem trabalhado nos últimos anos, pois suas várias ideias parecem surgir e desaparecer, deixando para trás uma trilha de URLs quebradas e websites desatualizados: o que, claro, é exatamente o que você esperaria de alguém que não está tentando construir a próxima Microsoft, mas, sim, buscando apenas trabalho *suficiente* para alimentar sua curiosidade enquanto sustenta seu estilo de vida tranquilo e econômico. "Normalmente, eu acordo com o sol e não uso despertador", explica Jarvis. "Enquanto preparo meu café, fico em pé na janela observando coelhos selvagens brincando, beija-flores zumbindo ou, às vezes, um guaxinim esperto tentando arruinar meu jardim."

Tanto Jewel quanto Paul Jarvis descobriram uma lição semelhante em suas carreiras. O mercado não se importa com seu interesse pessoal em desacelerar. Se você deseja ter mais controle sobre sua agenda, precisa oferecer algo em troca. Na maioria das vezes, seus melhores recursos para isso serão suas próprias habilidades. O que torna a história de Jarvis tão encorajadora é a demonstração de que esses benefícios de "obsessão" pela qualidade não necessariamente exigem que você dedique sua carreira inteira à busca desenfreada do superestrelato. Jarvis não vendeu 15 milhões de discos; ao longo do tempo, tornou-se habilidoso em competências essenciais que eram raras e valiosas no campo específico em que trabalhava. Mas, alavancado corretamente, isso foi o suficiente para possibilitar uma significativa simplificação em sua vida profissional. Nós nos acostumamos tanto com a ideia de que a única recompensa por melhorar é avançar para uma renda mais alta e maiores responsabilidades que esquecemos que os frutos da busca pela qualidade também podem ser colhidos na forma de um estilo de vida mais sustentável.

Detalhamos duas maneiras complementares pelas quais a obsessão pela qualidade vai contra a pseudoprodutividade: ela não só *exige* como *permite* a lentidão. Motivadas por essas realidades, as propostas que seguem o ajudarão a reconstruir sua vida profissional em torno de fazer melhor as coisas essenciais. Também o guiarão para aproveitar melhor as oportunidades que isso proporcionará para simplificar sua rotina. Ao considerar esses conselhos práticos, lembre-se do exemplo de Chris, o consultor, que eliminou reuniões e e-mails da parte principal de seu expediente, ou de Paul Jarvis caminhando entre as árvores até seus extensos jardins em sua casa em Tofino. Obsessão por qualidade não se trata apenas de ser melhor no seu trabalho. Em vez disso, é uma espécie de arma secreta para aqueles interessados em uma abordagem mais lenta à produtividade.

Proposta: Refine Seu Bom Gosto

Uma das declarações mais pragmáticas já feitas sobre produzir trabalho de qualidade veio de Ira Glass, criador e apresentador do influente programa da rádio americana NPR, *This American Life*. Em uma entrevista sobre produção de rádio e narrativas, que foi muito compartilhada online, Glass oferece o seguinte conselho:

> Todos nós que trabalhamos com criatividade entramos nessa área porque temos bom gosto... Mas é como se existisse uma lacuna. Nos primeiros anos de criação, o que você faz... Não fica tão bom assim... Não chega lá. Se você está no início da carreira, se está entrando nessa fase, precisa saber que é totalmente normal, e a coisa mais importante que você pode fazer é trabalhar muito... Estabeleça prazos para que a cada semana ou mês você saiba que vai terminar algo... É só produzindo um grande volume de trabalho que você vai realmente alcançar e fechar essa lacuna, e o trabalho que você fizer será tão bom quanto as suas ambições.

Glass identifica corretamente "gosto" como fundamental para alcançar qualidade. O ato de criação pode ser decomposto em uma série de erupções espontâneas de novas possibilidades, que devem então ser filtradas contra um entendimento inefável do que funciona e do que não funciona — a intuição visceral que chamamos de gosto. Em *Palavra por Palavra*, a romancista Anne Lamott captura elegantemente esse ritmo da criação. "Você se encontra de volta à mesa, encarando as páginas que preencheu ontem. E ali, na página quatro, há um parágrafo cheio de vida, com cheiros, sons, vozes e cores", escreve ela. "Você não se importa com aquelas três primeiras páginas; aquelas você vai jogar fora, aquelas que você precisava escrever para chegar até aquela quarta página, para chegar até aquele parágrafo longo que era o que você tinha em mente quando começou e não sabia." O *gosto*, nesse processo, atua como a bússola que o guia em direção aos picos e para longe dos vales na paisagem de possíveis criações.

Na sua exposição, Glass foca a lacuna que frequentemente existe entre o gosto e a habilidade — especialmente no início da carreira criativa. Ele observa que é mais fácil aprender a reconhecer o que é bom do que dominar as habilidades necessárias para alcançar esse mesmo padrão. Eu posso reconhecer o brilhantismo no memorável take de três minutos que abre o filme *Boogie Nights – Prazer Sem Limites*, de Paul Thomas Anderson, mas não teria ideia de como filmar algo tão bom por conta própria. Há uma frustração fundamental embutida nessa realidade. Seu gosto pode orientá-lo em direção ao melhor trabalho que você é capaz de produzir no momento, mas também pode alimentar um sentimento de decepção com o resultado final. Glass argumenta que é no desejo de reduzir essa autocrítica inquieta — diminuir a distância entre nosso gosto e nossa habilidade — que desenvolvimento e melhoria acontecem. Sua exortação para aqueles que estão começando suas carreiras é continuar colocando esforço no trabalho, pois é apenas por meio desse esforço deliberado que a lacuna será fechada.

Todos esses são conselhos sólidos, mas deixam de lado um elemento igualmente crítico: o desenvolvimento do seu gosto, em primeiro lugar. "Todos nós que trabalhamos com criatividade entramos nessa área porque temos bom gosto", diz. Mas de onde vem esse discernimento? Em outras entrevistas, Glass às vezes discute suas frustrações com a baixa qualidade de seus primeiros trabalhos na rádio. Em uma conversa de 2022, no podcast de Michael Lewis, por exemplo, Glass disseca uma reportagem de rádio que gravou em 1986 sobre o 75° aniversário do biscoito Oreo. Ele diz a Lewis que é "completamente medíocre" e "não é uma grande história". Isso pode parecer, a princípio, uma boa ilustração da lacuna entre o gosto e a habilidade que Glass argumenta que todos os criativos devem superar. Mas conforme sua conversa com Lewis continua, fica claro que Glass não percebeu necessariamente a inadequação da reportagem na época em que a gravou. "Lembro-me de que, quando terminei, pensei, *Ok, finalmente consegui, finalmente sei o que estou fazendo*", ele diz.

O que encontramos aqui é uma história mais matizada sobre a produção de trabalhos de qualidade. O gosto de Glass, em 2022, está mais refinado do que era em 1986. Seu sucesso não veio apenas de um desejo de atender aos seus próprios padrões elevados, mas também de seus esforços para *aprimorar* esses padrões ao longo do tempo. Quando voltamos ao exemplo dos romancistas, encontramos essa realidade refletida na ubiquidade dos programas de MFA (Mestre em Belas Artes) nos antecedentes de novos escritores aclamados. Pesquisei, por exemplo, as biografias dos cinco finalistas do mais recente Prêmio PEN/Hemingway de Romance de Estreia (na época em que escrevi este capítulo), uma honraria na ficção literária. Dos cinco finalistas, quatro frequentaram ou lecionaram em programas de MFA antes de publicar seus livros de qualidade premiada. O poder dos programas de MFA não está na instrução explícita de escrita, que é mínima, mas sim na comunidade de alto padrão que o romancista em desenvolvimento acessa. Quando você passa dois anos lendo, criticando e admirando o trabalho de outros jovens escritores que estão explorando novas e interessantes direções em sua prosa, seus critérios para o que a escrita pode alcançar se afiam. É claro que você não precisa frequentar um desses programas para ter sucesso na literatura. Colson Whitehead, por exemplo, é indiscutivelmente um dos romancistas mais talentosos de sua geração e nunca estudou além do seu diploma de bacharelado. Mas há uma razão pela qual os programas de MFA são tão comuns entre escritores de sucesso: eles oferecem um treinamento eficaz para o refinamento do gosto literário.

Quando ficamos obcecados pela qualidade, no estilo de Ira Glass, muitas vezes negligenciamos a importância de desenvolver primeiro nossos filtros internos. É mais empolgante focar esforço, dedicação e persistência, mas nenhuma dedicação ao seu programa de rádio ou seu manuscrito de romance o levará à excelência se você ainda não tem um bom entendimento do que excelência poderia significar. Esta proposta busca corrigir essa omissão. O que se segue é uma coleção de sugestões práticas elaboradas para ajudá-lo a melhorar sua compreensão do que é possível em sua área.

TORNE-SE UM CINÉFILO

Uma das melhores coisas que fiz recentemente para melhorar a qualidade da minha escrita foi assistir ao filme *Cães de Aluguel*, de Quentin Tarantino. Para entender essa afirmação, é importante primeiro saber que sempre fui fã de cinema. Antes de termos filhos, minha esposa e eu costumávamos assistir a quase todos os lançamentos de filmes importantes. Naquela era pré-Netflix, também assistíamos a muitos documentários independentes interessantes que passavam pelo circuito de cinemas alternativos de Boston. No entanto, foi só quando completei 40 anos que pensei que poderia ser divertido estudar a arte do cinema de forma mais sistemática. No meu livro *Minimalismo Digital*, escrevi extensivamente sobre a importância de atividades de lazer de alta qualidade. Só me dei conta de que não estava seguindo meu próprio conselho quando cheguei àquele marcante aniversário de meia-idade. Entre meu trabalho como professor e escritor, o papel de pai e a tendência de preencher qualquer tempo livre restante com leitura, eu não tinha nada que pudesse identificar como um hobby sério. Então, pensando no meu interesse preexistente, resolvi dar uma chance ao cinema.

Comecei lendo um livro introdutório sobre Teoria do Cinema, mas não achei muito útil. Falava sobre conceitos como edição e som em termos abstratos e simplificados, servindo como uma espécie de glossário para cursos mais avançados que se seguiriam em um programa típico de graduação. Em seguida, tentei o livro de Roger Ebert, *Grandes Filmes*, que continha cem ensaios sobre cem filmes que o falecido crítico vencedor do Prêmio Pulitzer considerava seminais. Isso foi mais eficaz, pois ia direto a elogios específicos sobre filmes específicos. A coleção de ensaios de Tarantino, *Especulações cinematográficas*, também se mostrou uma fonte importante de insights sobre o que torna um filme bom e, igualmente importante, o que torna um filme divertido.

O exercício mais útil de todos, porém, foi simplesmente escolher um filme renomado, ler meia dúzia de resenhas e ensaios sobre ele e, em seguida, assistir ao filme completo. Uma descoberta bacana foi procurar artigos sobre o filme em questão em revistas ou fóruns de cinematografia, pois geralmente contêm discussões gratificantemente detalhadas sobre técnicas de lentes e enquadramento. Você sabia, por exemplo, que em *Mad Max: Estrada da Fúria*, o diretor George Miller e o diretor de fotografia John Seale (que saiu da aposentadoria para fazer o filme) posicionaram propositalmente o ponto focal de cada cena no centro do quadro, desafiando as convenções cinematográficas, mas tornando a ação de cortes rápidos muito mais legível para o público? Aprender sobre essa técnica de enquadramento central, em um artigo escrito pelo diretor de fotografia Vashi Nedomansky, mudou completamente minha apreciação pela obra-prima de Miller.

Isso nos traz de volta a *Cães de Aluguel*. Meu projeto de autoaprendizagem me levou inevitavelmente ao clássico de 1992 de Tarantino, que revitalizou a cena do cinema independente após uma década de sucessos de bilheteria padronizados entediantes de Hollywood. À medida que lia sobre o uso de narrativas não lineares e a reconstrução de clichês de gênero, comecei a perceber que meu estudo de cinema estava afetando a forma como penso sobre minha própria escrita. A maioria dos meus livros recentes de não ficção, por exemplo, tendem a empregar um estilo que eu informalmente chamo de "autoajuda inteligente", que combina convenções de livros de autoajuda tradicionais — um gênero no qual eu mergulhei na adolescência e início da idade adulta, e pelo qual tenho extremo carinho — com formas mais sofisticadas de escrita de não ficção geral. A maioria dos livros nessas categorias tende a se enquadrar em uma ou outra: ou você lê Stephen Covey, ou Malcolm Gladwell. Eu gosto de misturar os dois. Nunca pensei muito sobre essa decisão, parecia natural para mim. No entanto, estudando Tarantino, percebi que trabalhar com clichês de gêneros populares para alcançar objetivos mais elevados, se feito com a devida atenção, pode ser um poderoso exercício criativo. O cinema não tem nada a ver com a minha carreira de escritor, mas estudá-lo ampliou minhas ambições como autor.

Não há nada de especial sobre o cinema neste estudo de caso. A observação que quero trazer é que pode ser útil imergir em áreas *diferentes* da sua. Pode ser algo esmagador estudar diretamente grandes obras da sua profissão, pois você pode já saber demais sobre elas. Confrontar a diferença entre o que os mestres produzem e suas capacidades atuais é desanimador. Quando você estuda um campo não relacionado, a pressão é reduzida, e você pode abordar o tema com uma abertura mais lúdica. Quando leio grandes escritores de não ficção, muitas vezes me pego segurando o livro com força, tentando descobrir o que eles estão fazendo que eu não estou. Isso é útil, mas também exaustivo. Quando estudo um grande filme, por outro lado, posso simplesmente apreciá-lo sem reservas, e ao fazer isso, encontro um fluxo de inspiração revigorante. Considere isso em sua própria jornada para o desenvolvimento de uma obsessão pela qualidade. Entenda seu próprio campo, com certeza, mas também concentre-se no que é ótimo em outros domínios. É aqui que você pode encontrar uma fonte de inspiração mais flexível, um lembrete daquilo que torna o ato de criar tão emocionante antes de tudo.

CRIE SEU PRÓPRIO GRUPO DE APOIO CRIATIVO

Em meados da década de 1930, C. S. Lewis, então professor de literatura inglesa no Magdalen College da Universidade de Oxford, começou um clube informal de escrita e discussão. Ele convidou seus amigos para participar, incluindo, notavelmente, J. R. R. Tolkien, também professor em Oxford na época. No início, eles se encontravam toda semana, ou algo assim, na sala de Lewis no Magdalen, onde liam trabalhos em desenvolvimento e discutiam suas ambições literárias. Posteriormente, passaram também a se reunir uma manhã por semana para conversar e tomar cerveja no pub Eagle and Child, no centro de Oxford. Eles chamavam o grupo de Inklings.

Foi nessas reuniões que Lewis começou a se interessar por escrever ficção especulativa. Em 1938, com base no incentivo e na orientação do grupo, ele publicou *Além do Planeta Silencioso*, uma história de viagem espacial que tentava corrigir algumas das tendências desumanizadoras que ele e Tolkien haviam observado nas primeiras obras de ficção científica da época. Este foi o primeiro de uma trilogia de romances que lançou as bases para que ele direcionasse suas ambições literárias para o mundo da fantasia, culminando finalmente na série *As Crônicas de Nárnia*. Tolkien, por sua vez, baseou-se fortemente no feedback do grupo para ajudar a moldar a crescente coleção de mitologias ficcionais que, mais tarde, evoluiriam para *O Senhor dos Anéis*. De fato, o biógrafo de Tolkien, Raymond Edwards, descreve os Inklings como uma espécie de "parteira" para a obra-prima de fantasia de Tolkien.

Tempos depois, alguns comentaristas descreveriam os Inklings como um grupo reunido com a missão específica de rejeitar o modernismo e introduzir formas narrativas fantásticas que tornassem a moralidade cristã mais acessível. Mas, como Edwards argumenta, essa análise é "exagerada" e "excessivamente séria". Ele elabora: "Os Inklings eram, acima de tudo, um grupo de amigos de Lewis. Como a maioria dos grupos de escritores, sua principal função era ser um público para ouvir, criticar e incentivar". É aqui que encontramos a lição valiosa dos Inklings. Quando você se reúne com outras pessoas que compartilham ambições profissionais semelhantes, o gosto coletivo do grupo pode ser superior ao de qualquer indivíduo. Isso se deve, em parte, à diversidade de abordagens que as pessoas adotam para a criação em uma determinada área. Ao combinar as opiniões de vários profissionais em seu campo, surgem mais possibilidades e nuances. Há também um efeito de foco que vem de se apresentar para um público. Quando você quer impressionar outras pessoas ou contribuir para as conversas de maneira significativa, sua mente se concentra mais do que quando vai para a introspecção. Formar um grupo de profissionais com ideias semelhantes, todos procurando melhorar o que estão fazendo, fornece um atalho para aprimorar seu gosto, um upgrade instantâneo para o padrão de qualidade que você busca.

INVISTA EM UM CADERNO CARO

Na primavera de 2010, no início do meu primeiro ano como pós-doutorando em ciência da computação, decidi comprar um caderno caríssimo que vi à venda na livraria do MIT de forma impulsiva. Este caderno tinha papel grosso sem acidez e de qualidade arquivística, impresso com um padrão de grade leve e, no canto superior direito, timbrado com a paginação em grandes números pretos. Era encadernado com uma espiral dupla e resistente e tinha capa dura. Cientistas de laboratório levam seus cadernos a sério. Os registros de seus experimentos e resultados não apenas organizam seu trabalho, mas também podem ser evidências cruciais em disputas por patentes (os cadernos de laboratório cuidadosamente mantidos por Alexander Graham Bell, por exemplo, desempenharam um papel crítico em sua vitória na disputa de patente com o rival inventor do telefone, Elisha Gray).

A desvantagem desse caderno de alta qualidade é o preço. Embora eu não lembre exatamente quanto paguei por ele em 2010, lembro que era bem caro para mim na época — provavelmente em torno de cinquenta dólares. Esse custo, porém, foi parte do que me atraiu nele. Pensando em quanto eu havia gastado, eu seria mais cuidadoso com o que escreveria em suas páginas, o que me forçaria a ser mais organizado e cuidadoso com meus pensamentos. Isso pode parecer uma estratégia estranha, mas o progresso na pesquisa teórica em ciência da computação muitas vezes se resume a um jogo de desafio mental, no qual aquele que conseguir suportar o desconforto mental de trabalhar em um elemento de prova por mais tempo acabará obtendo um resultado melhor. Minha maior autocrítica como pesquisador na época era que eu desistia cedo demais ao tentar pensar profundamente sobre um teorema ou novo algoritmo. Eu esperava que um caderno sofisticado me mantivesse motivado por mais tempo.

Acabei usando esse caderno por pouco mais de dois anos; a última anotação data de dezembro de 2012 — um período que abrange todo o meu pós-doutorado e meu primeiro ano como professor assistente. Sei essas datas com precisão porque encontrei recentemente o caderno em uma caixa de agendas antigas em uma prateleira no fundo do closet. Ao folhear suas páginas, fiquei impressionado com a nitidez com que escrevi minhas equações e diagramas (nos cadernos mais baratos, que compro aos montes, minha caligrafia costuma ser quase ilegível). Durante todo aquele período de dois anos, usei apenas 97 das páginas do caderno, preenchendo cada uma delas até as margens. Outra coisa que me chamou a atenção foi a familiaridade de tantos esboços de provas e equações que foram parar no caderno. Ao rever essas 97 páginas, encontrei resultados centrais do que se tornariam sete publicações diferentes revisadas por pares, e também o pensamento fundamental para aquilo que se tornou minha primeira grande bolsa da National Science Foundation como professor assistente. Este foi um dos muitos cadernos diferentes que usei durante este curto período da minha carreira acadêmica, mas não há dúvida de que esta opção incomumente cara desempenhou um papel desproporcional na minha produtividade.

A ideia geral de que ferramentas de qualidade podem aumentar a qualidade do seu trabalho não é exclusiva do meu início de carreira acadêmica. Romancistas se sentem mais empolgados quando mudam de um processador de texto genérico para um software de escrita profissional como o Scrivener, assim como roteiristas se sentem mais capacitados ao comprar o Final Draft para compor seus filmes. É verdade que essas ferramentas mais caras incluem mais recursos do que suas contrapartes mais baratas, mas a sensação de "Agora sou profissional" que elas causam é indiscutivelmente valiosa. Vemos um efeito semelhante em podcasters que compram o microfone Shure SM58 de US$300, famoso por ser usado por Joe Rogan. Na maioria dos casos, o público não se importa com a pequena diferença de qualidade entre aquele microfone profissional e uma opção USB mais barata, mas para o aspirante a podcaster, é um sinal para si mesmo de que está levando a atividade a sério. Também vemos essa dinâmica em jogo quando programadores de computador configuram estações de trabalho digitais elaboradas com dois ou três monitores. Esses programadores juram que a capacidade de ver várias janelas ao mesmo tempo aumenta a produtividade. Isso é verdade até certo ponto, mas gerações anteriores de programadores pareciam ser bastante produtivas antes da introdução recente de drivers gráficos capazes de suportar vários monitores. Parte do poder dessas configurações está em sua complexidade, que leva o usuário a uma mentalidade especializada, pronto para o trabalho árduo de escrever programas eficientes.

A busca por qualidade não é um esforço casual. Se você quer que sua mente embarque em seus planos para fazer suas habilidades evoluírem, investir em ferramentas é um bom modo de começar.

Interlúdio: E o Perfeccionismo?

Enquanto trabalhava neste capítulo, recebi uma nota da professora Meegan dizendo estar preocupada com o meu uso da frase "obsessão pela qualidade". Ela havia acabado de enviar o manuscrito de um livro que "levou muito tempo para ser finalizado" porque ela havia "internalizado que cada aspecto tinha que ser perfeito". Obsessão, ela pontua, pode paralisar. Qualidade importa, mas se vier primeiro que tudo, você nunca finalizará nada.

Como temos feito ao longo deste livro, podemos encontrar uma abordagem diferenciada sobre este assunto no mundo dos trabalhadores do conhecimento tradicionais. Vamos voltar nossa atenção para a música popular e focar 1967, ano que mudou essa forma de arte de maneiras profundas, mas complicadas. A semente dessas transformações foi plantada em 1966, quando os Beatles embarcaram em uma turnê mundial poucos dias após terminarem seu sétimo disco de estúdio, *Revolver*. O plano era começar na Alemanha Ocidental antes de seguir para Tóquio e depois Manila. Após uma pausa, a turnê retornaria à América do Norte, para mais duas semanas de apresentações, culminando em um show final explosivo no gigantesco Candlestick Park, em San Francisco.

Problemas surgiram rapidamente. No Japão, o promotor da turnê havia lutado para encontrar um local grande o suficiente para acomodar o público esperado. Eles se decidiram pelo Nippon Budokan, uma arena enorme que havia sido originalmente construída para abrigar a competição de judô durante os Jogos Olímpicos de 1964, em Tóquio. No Japão, no entanto, o judô é considerado sagrado, assim como o local do Budokan, situado no centro imperial e espiritual da cidade, ao lado do palácio do imperador. Para citar Clifford Williamson, um historiador que escreveu um artigo em 2017 sobre a turnê de 1966 dos Beatles, o fato de um grupo pop ocidental se apresentar em um ambiente tão carregado criou uma "grande reação contrária". O primeiro-ministro japonês expressou "desconforto", assim como várias figuras importantes da mídia. Ameaças de grupos extremistas como o Greater Japan Patriotic Party foram sérias o suficiente para que os Beatles debatessem se deveriam cancelar o show e evitar o país por completo. No final, mais de 35 mil policiais foram mobilizados para ajudar a garantir sua segurança.

A próxima parada da turnê, Manila, capital das Filipinas, deveria ter sido mais tranquila. Mas não foi. "Desde o momento em que pousamos, as notícias foram ruins", relembrou George Harrison mais tarde. Antes da visita, Imelda Marcos, esposa do presidente cleptocrata das Filipinas, Ferdinand Marcos, convidou os Beatles para uma recepção no palácio presidencial. Seguindo a regra da banda de evitar eventos diplomáticos, o empresário dos Beatles, Brian Epstein, recusou o convite. Como Williamson explica, isso foi um erro. O pedido de Imelda não era um convite, mas uma "ordem". A imprensa filipina cobriu a gafe, televisionando mesas vazias e crianças chorando na recepção. Imelda declarou que preferia os Rolling Stones. Mais reações negativas se seguiram, e os Beatles logo enfrentaram uma enxurrada de pequenos atos de retaliações. Pedidos de serviço de quarto em seu hotel foram ignorados. A equipe de apoio prometida para ajudar a transportar o equipamento da banda desapareceu. As escadas rolantes do aeroporto nacional foram desligadas, forçando a banda a subir as escadas com seus instrumentos enquanto se apressavam para deixar o país.

A volta subsequente dos Beatles para a América do Norte trouxe pouco alívio de controvérsias. No início de 1966, John Lennon havia dado uma entrevista ao *Evening Standard*. O artigo era regular, mas escondido entre banalidades entediantes estava a seguinte provocação: "O Cristianismo vai desaparecer, vai diminuir e encolher. Somos mais populares que Jesus agora". No Reino Unido, a declaração passou despercebida, mas pouco antes de a banda chegar aos Estados Unidos para a última etapa de sua turnê de 1966, uma revista adolescente chamada *Datebook* reproduziu a entrevista, chamando a atenção para sua citação sobre Jesus. A reação negativa no Sul dos Estados Unidos foi intensa. Boicotes foram organizados e álbuns dos Beatles foram queimados. A Ku Klux Klan ameaçou usar violência. Mais uma vez, os membros da banda se viram considerando se deveriam cancelar suas aparições, e Lennon teve que emitir um pedido de desculpas. Em agosto, os Beatles finalmente chegaram a São Francisco para sua última apresentação da turnê. Enquanto a banda transitava para o Candlestick Park para o show, exaustos das controvérsias dos meses anteriores, além do cansaço geral de terem gravado e promovido sete discos em três anos, John, Paul, George e Ringo tomaram uma decisão fatídica: encerrariam as turnês. Para sempre.

Foi essa decisão dos Beatles de parar de se apresentar que acabou transformando a música pop no ano seguinte, em 1967. Três meses haviam se passado desde a apresentação em São Francisco e, agora, descansados e decididos, a banda se reuniu na EMI Studios em Londres para gravar um novo tipo de disco pop. Sem a necessidade de tocar suas músicas em arenas e teatros, eles estavam livres para experimentar. "Com o produtor George Martin auxiliando e incentivando", explica o crítico musical do *New York Times* Jon Pareles, "os Beatles insistiram em abstrações sonoras, abandonando as ilusões realistas da maioria das gravações de estúdio e distorcendo e manipulando sons de maneiras que seriam praticamente impossíveis de reproduzir no palco".

A banda manipulou a velocidade das fitas e sobrepôs diferentes estilos musicais na mesma faixa. Integraram instrumentos indianos que George Harrison aprendeu sob a tutela de Ravi Shankar, incluindo a cítara, a tanbura e o swarmandal, e contrataram músicos clássicos para tocar acompanhamentos de cordas e metais. Eles acabaram passando cerca de 700 horas em estúdio, distribuídas em 129 dias. (Para entender o quanto um processo de gravação longo desses seria extravagante na época, lembre-se de que o primeiro álbum dos Beatles, *Please Please Me*, lançado quatro anos antes, em 1963, foi gravado em um único dia, exigindo menos de 700 minutos do tempo total de estúdio.) O resultado de todos esses meticulosos esforços criativos foram 12 faixas, com pouco mais de meia hora de duração, representando um dos primeiros álbuns conceituais comerciais da história da música popular. Os Beatles intitularam-no *Sgt. Pepper's Lonely Hearts Club Band*. O álbum viria a vender 2,5 milhões de cópias durante seus primeiros três meses e alcançar o primeiro lugar nas paradas da Billboard, onde permaneceu por três meses, a maior permanência no topo das paradas para qualquer disco dos Beatles. Talvez mais importante que isso, quase sozinho o disco destruiu a cultura dominante de singles de música pop e paradas de sucessos. O álbum tornou a produção artística definidora da cena musical popular e inaugurou uma nova era de música progressiva e experimentação sonora.

A liberdade da música pop das limitações impostas pela performance de palco, no entanto, logo provou ser uma faca de dois gumes. Conforme Pareles explica, embora o oitavo lançamento dos Beatles tenha sido um triunfo, "os críticos difamam 'Sgt. Pepper' como o álbum que trouxe o perfeccionismo solitário para a gravação do rock". Mais bandas se retiraram para estúdios para mexer em botões e eletrônicos na tentativa de encontrar novos estilos experimentais. Nesta longa e lenta busca pela perfeição, muita da espontaneidade e energia do rock foi drenada do gênero, à medida que os músicos se perdiam em suas próprias mentes. Os resultados geralmente eram decepcionantes. "Para cada mistura genuína... Havia uma dúzia de outras medíocres", escreve Pareles.

Como Meegan apontou corretamente, esse perigo do perfeccionismo criativo paira sobre este último princípio da produtividade lenta. Ficar obcecado pela qualidade é se tornar um Beatle em 1967, entrando no EMI Studios sem limites de tempo para experimentar, de tudo. Sair de lá, 129 dias depois, com o *Sgt. Pepper's Lonely Hearts Club Band* exige que você caminhe por uma corda bamba. A obsessão requer que você se perca em si mesmo, convencido de que pode fazer um pouco melhor caso tenha mais tempo. A grandeza requer a capacidade de se livrar do seu devaneio autocrítico antes que seja tarde. A razão pela qual eu me detenho nos Beatles neste exemplo é porque eles fornecem tanto um aviso sobre o perfeccionismo que acompanha a obsessão quanto um exemplo canônico de como derrotar esse inimigo.

A banda pode ter gastado horas demais gravando *Sgt. Pepper's Lonely Hearts Club Band*, mas o tempo deles não era ilimitado. Assim que as sessões começaram a progredir, a EMI, gravadora dos Beatles, lançou dois singles, gerando urgência para a finalização do projeto. O grupo também focou seus esforços em uma visão de longo prazo. O álbum *Rubber Soul*, de 1965, teve um profundo impacto na direção criativa de Brian Wilson. *Pet Sounds*, como Paul McCartney citou mais tarde, foi a principal influência para *Sgt. Pepper's Lonely Hearts Club Band*. Quando sua produção é apenas um passo entre muitos, em um caminho colaborativo em direção ao progresso criativo, a pressão para acertar é reduzida. Seu objetivo, em vez disso, se resume a metaforicamente rebater a bola para o outro lado da rede com força suficiente para o jogo continuar. Aqui encontramos a melhor estratégia geral para equilibrar obsessão e perfeccionismo que já vi: dê a si mesmo tempo suficiente para produzir algo ótimo, mas não tempo ilimitado. Concentre-se em criar algo bom o suficiente para chamar a atenção daqueles cujo gosto você admira, mas livre-se da necessidade de criar uma obra-prima. Progresso é o que importa. Não perfeição.

Proposta: Aposte em Si

Jewel não foi a única musicista revelação dos anos 1990 a se arriscar no início da carreira. A maioria das pessoas conheceu Alanis Morissette quando seu disco de 1995, *Jagged Little Pill*, explodiu em vendas, ultrapassando 33 milhões de cópias e ganhando cinco Grammys, incluindo Álbum do Ano. Este pode ter sido o primeiro disco americano de Morissette, mas estava longe de ser sua estreia na indústria do entretenimento. Ainda criança, Morissette fez sua estreia como atriz no programa cult da Nickelodeon, *You Can't Do That on Television*, e sua estreia como cantora em público com uma performance no *Star Search* (onde perdeu na primeira rodada). Em 1989, aos 15 anos, ela gravou uma demo com a ajuda da banda de rock canadense Stampeders. Isso a levou a um contrato com a divisão canadense da MCA. Seu primeiro álbum, *Alanis*, lançado no Canadá em 1991 e que apresentava um pop dançante bem produzido, conquistou o disco de platina. Sua presença energética no palco e seu cabelo volumoso inspiraram comparações com a sensação pop dos anos 1980, Debbie Gibson.

Morissette, no entanto, não gostava das comparações com Gibson, pois sentia que era capaz de um trabalho mais sério. Embora provavelmente tivesse desfrutado de sucesso contínuo se continuasse com o estilo pop apresentado em *Alanis*, para seu álbum seguinte, *Now is the Time*,

Morissette voltou sua atenção para baladas menos produzidas e baseadas em letras mais pessoais — um estilo que ela sentia ser capaz de levá-la ao próximo nível de sua carreira.* Este segundo disco vendeu apenas metade do número de cópias do primeiro, o que levou sua gravadora a dispensá-la. Mas Morissette continuou insistindo. Com a ajuda de sua produtora musical, cópias de seus dois primeiros álbuns chegaram ao empresário nova-iorquino Scott Welch. Ele ouviu algo especial na voz de Morissette, mas concordou que o estilo pop não era sustentável. Welch providenciou para que Morissette viajasse a Los Angeles para gravar uma música com Glen Ballard, um compositor veterano conhecido por coescrever "Man in the Mirror", de Michael Jackson, e "Hold On", de Wilson Phillips. O plano era gravar uma única faixa no estúdio caseiro de Ballard. Em vez disso, ao longo de um período de vinte sessões cheias de inspiração, eles gravaram vinte músicas. Como Ballard mais tarde relembrou sobre o trabalho com Morissette:

> Ela só queria ser uma *artista*. Não queria que o sistema lhe dissesse que "não precisavam mais dela". Ela só queria dizer o que sentia. Só queria compor músicas e se expressar.

Essas sessões incluíram demos de quase todas as faixas de *Jagged Little Pill*. A combinação da voz forte e crua de Morissette com suas letras incisivas provou ser perfeita para um momento em que a música alternativa estava em ascensão. O álbum começou com um lançamento modesto pela Maverick Records, uma gravadora boutique cofundada

* Como sugerido no documentário de 2021 sobre Alanis Morissette, *Jagged*, sua busca por independência e exploração de temas mais complexos em sua música foi motivada, em parte, por abusos que ela sofreu como jovem na indústria do entretenimento

por Madonna, mas quando a influente estação de rádio KROQ de Los Angeles começou a tocar "You Oughta Know", suas linhas telefônicas foram inundadas de pedidos. Quando adicionou "Hand in My Pocket" à programação algumas semanas depois, estações de todo o país seguiram o exemplo. O disco decolou, criando o que Ballard descreveu mais tarde como "uma tempestade de fogo".

A decisão de Morissette de abandonar o pop animado compartilha semelhanças óbvias com a decisão de Jewel de recusar um adiantamento de 1 milhão de dólares — ambas artistas estavam dispostas a se arriscar em busca de um objetivo maior. Os detalhes dessas decisões, no entanto, diferem de maneiras sutis, mas importantes. Jewel recusou o grande investimento porque sabia que precisava de mais tempo para se desenvolver como musicista profissional. Isso personifica minha afirmação anterior de que a qualidade exige que você desacelere. Morissette, ao contrário, já era uma musicista profissional de sucesso quando abandonou o pop. Em vez disso, sua mudança foi uma aposta arriscada na capacidade de ser ainda melhor. Perder o contrato com a gravadora foi assustador, mas esse medo lhe deu o impulso necessário para levar suas habilidades ao limite, a ponto de ser capaz de criar algo milagroso durante aquelas sessões de gravação lendárias no estúdio de Glen Ballard.

Essa proposta argumenta que apostar em si mesmo dessa maneira — com riscos significativos de fracasso, mas recompensas de sucesso atraentes — é uma estratégia geral eficaz para elevar a qualidade do seu trabalho a um novo patamar. Claro, nada sobre isso é específico da indústria da música. Um dos exemplos mais famosos de uma aposta pessoal na história recente vem do mundo dos negócios: Bill Gates abandonou Harvard, em 1975, para fundar a Microsoft. Hoje, estamos acostumados à ideia de jovens talentosos em tecnologia deixando a faculdade para iniciar empresas de software, mas isso não era comum naquela época. Quando Gates saiu de Harvard, não existia a indústria de software (ele a criou) e os computadores pessoais que ele via como o futuro ainda eram basicamente vendidos como kits de montagem para entusiastas, que se comunicavam com o usuário por meio de interruptores e luzes piscantes. Os riscos de fracasso eram altos para Gates ao deixar Harvard, mas isso o ajudou a realizar algo espetacular.

Apostar em si mesmo não precisa ser tão dramático quanto perder um contrato de gravação ou abandonar uma das melhores universidades dos EUA. Simplesmente se colocar em uma situação em que existe pressão para se ter sucesso, mesmo que moderada, pode ser um acelerador importante na sua busca por qualidade. No conselho que se segue, você encontrará várias abordagens para integrar essa pressão razoável à sua vida profissional. Ao apostar em si mesmo, como verá, o objetivo é elevar seu desempenho a um novo nível, sem acabar com uma carga de trabalho excessivamente pesada.

ESCREVA DEPOIS QUE AS CRIANÇAS FOREM PARA A CAMA

Stephenie Meyer teve a ideia do livro *Crepúsculo* a partir de um sonho que teve no verão de 2003. A experiência foi tão vívida que ela se comprometeu a fazer o que fosse necessário para transformar essa sementinha de ideia em um livro de fato. Na época, no entanto, ela cuidava de seus três filhos pequenos em casa, o que significava que ela precisaria ser criativa com seu horário de escrita. Como ela explicou:

> A partir desse momento, não passou um único dia em que eu não escrevesse *algo*. Em dias ruins, eu só conseguia digitar uma ou duas páginas; nos bons, terminava um capítulo ou até mais. Eu escrevia principalmente à noite, depois que as crianças dormiam, para poder me concentrar por mais de cinco minutos sem ser interrompida.

A história de um autor famoso escrevendo tarde da noite não é exclusiva de Meyer. Clive Cussler começou a escrever romances de aventura em 1965. Na época, ele estava na casa dos 30 anos, trabalhando em uma pequena agência de publicidade que havia cofundado em Newport Beach, na Califórnia, quando sua esposa aceitou um emprego no turno da noite. Isso deixou Cussler sem nada para fazer depois de colocar seus três filhos na cama. Inspirado pelo sucesso recente dos romances de James Bond, de Ian Fleming, ele decidiu tentar escrever aventuras para preencher as horas solitárias. Dezenas de milhões de cópias vendidas depois, Cussler, que faleceu em 2020, claramente fez a aposta certa.

A necessidade de trabalhar em um projeto pessoal fora do horário de trabalho não é exclusiva dos pais. Durante seu último ano na Faculdade de Medicina de Harvard, por exemplo, Michael Crichton sabia que não planejava exercer a medicina depois de se formar. Conforme relatado em um perfil de 1970 do *New York Times* sobre o autor, que na época tinha apenas 27 anos, Crichton procurou o reitor para perguntar se poderia passar o último semestre em Harvard reunindo informações para um livro de não ficção sobre medicina que planejava escrever. "Por que eu deveria passar a última metade do meu último ano na faculdade de medicina aprendendo a ler eletrocardiogramas se nunca tive intenção de praticar?", ele perguntou. O reitor avisou Crichton que escrever um livro não era fácil. Foi nesse ponto que Crichton revelou que, durante seu tempo em Harvard, já havia escrito cinco livros sob pseudônimos e tinha pelo menos mais dois em andamento. Ele usava sua máquina de escrever portátil e preenchia os momentos livres escrevendo, inclusive durante as férias ou enquanto assistia a palestras que não conseguiam prender sua atenção. "Qualquer um que quisesse ver meu histórico escolar... Podia ver quando eu estava trabalhando em um livro", ele admitiu.

John Grisham, que disputou a supremacia das listas de best-sellers com Crichton na década de 1990, também começou a escrever sacrificando seu tempo livre. Ele começou a escrever seu primeiro romance, *Tempo de matar,* enquanto trabalhava como advogado em uma pequena cidade e ocupava um cargo na legislatura do Mississippi. Ele trabalhava no manuscrito de madrugada e nos intervalos entre reuniões e audiências no tribunal. Grisham levou três anos para terminar o livro. Antes mesmo de ser publicado, ele já estava trabalhando no segundo. Seu plano sempre foi escrever dois livros e continuar apenas se pelo menos um dos dois tivesse sucesso. Essa estratégia acabou sendo boa. *Tempo de matar* não fez sucesso quando foi lançado pela primeira vez. Felizmente para Grisham, seu segundo livro, *A Firma,* vendeu 7 milhões de cópias.

Esses autores revelam uma das estratégias mais acessíveis quando se trata de apostar em si mesmo: dedicar temporariamente uma quantidade significativa de tempo livre ao projeto em questão. Os riscos, neste caso, são modestos: se você não atingir o nível de qualidade que busca, a principal consequência é que, durante certo período, você perdeu tempo que poderia ter dedicado a atividades mais recompensadoras (ou relaxantes). Mas esse custo pode trazer uma maior atenção e motivação aos seus esforços. Para a Stephenie Meyer jovem, por exemplo, provavelmente não foi divertido encaixar toda a escrita entre as atividades das crianças ou quando já estava cansada, tarde da noite. Considerando os sacrifícios que esse objetivo exigia, ela foi motivada a não perder tempo com um esforço sem entusiasmo. Determinada a ver seu projeto concluído, Meyer escrevia todos os dias, mesmo que concluísse apenas algumas páginas. Em contraste, já vi alguns acadêmicos ou jornalistas que conseguiram tirar um período sabático luxuoso para fazer nada além de escrever precisarem se esforçar para fazer progresso significativo, mesmo em meio a toda a liberdade adquirida.

É claro que essa estratégia de usar o tempo livre não é uma maneira sustentável de trabalhar a longo prazo. Sacrificar muitas horas de lazer para trabalhar pode violar os *dois* primeiros princípios da produtividade lenta. Mas, quando usada com moderação e dedicada a um projeto específico por um período temporário, esse ato de abrir mão de algo significativo em busca de maior qualidade pode se tornar uma aposta eficaz em si mesmo. Meyer, por exemplo, trabalhou com foco intenso por seis meses, mas ao final desse período cansativo, ela terminou com um manuscrito que chamou a atenção. A Little, Brown and Company logo lhe ofereceu um contrato de US$750.000 pelo livro.

REDUZA SEU SALÁRIO

Dedicar seu tempo livre a um projeto é uma das maneiras mais fáceis de apostar em si mesmo. Uma opção mais drástica é depender do projeto para obter renda. Poucas forças induzem mais foco do que a necessidade de pagar contas. É aqui, no entanto, que entramos em um território potencialmente perigoso. Na cultura americana, há um apelo romântico para a ideia de largar seu emprego sufocante para perseguir um sonho maior. Considere os exemplos de escritores da estratégia anterior: Clive Cussler acabou abandonando a agência de publicidade que cofundou, enquanto John Grisham abandonou uma carreira política promissora e a advocacia. Existe um imenso apelo de que as possibilidades de mudar dramaticamente sua situação profissional, como pode parecer, permitem-lhe, em um grande movimento, eliminar tudo de que você não gosta na sua rotina atual.

O problema, é claro, é que para cada Grisham há uma dúzia de outros escritores aspirantes — ou empreendedores, ou artistas — que acabam voltando à suas antigas ocupações, humilhados e mais endividados do que quando começaram. Em outras palavras, é difícil prever se sua ideia para um thriller será mais como *Tempo de matar*, ou como *A Firma*. Felizmente, podemos encontrar sabedoria para navegar nesses desafios nos mesmos exemplos literários que acabamos de citar. Se observarmos mais de perto as transições de carreira desses escritores best-sellers, uma história mais multifacetada emerge. Como revelado nos obituários que seguiram a morte de Cussler em 2020, por exemplo, o caminho que ele trilhou da publicidade para os romances de aventura foi mais longo do que sugere a história bem conhecida de ele ter concebido o personagem Dirk Pitt durante a noite enquanto sua esposa trabalhava.

Como mencionado anteriormente, quando Cussler começou a trabalhar nos romances, ele era coproprietário de uma agência de publicidade em Newport Beach. Ele escreveu dois manuscritos enquanto vivia na Califórnia, *Pacific Vortex!* e *The Mediterranean Caper*, nenhum dos quais atraiu interesse de editores. Cussler, então, mudou-se para Denver para trabalhar em uma agência maior. Foi neste ponto que ele desenvolveu uma estratégia para chamar a atenção para seus romances estagnados. Ele criou uma agência que não existia e enviou uma carta timbrada a um agente real, Peter Lampack, perguntando se ele estava interessado em representar este promissor novo escritor chamado Clive, para quem a agência não tinha tempo de representar. O plano funcionou, e *The Mediterranean Caper* foi finalmente publicado, em 1973. No entanto, Cussler ainda não deixou a publicidade para se dedicar integralmente à escrita. Ele esperou até 1975, depois de vender seu segundo livro, *Iceberg*. Cuidados semelhantes podem ser encontrados nas histórias de nossos outros exemplos. Quando Crichton deixou a medicina, ele já havia publicado (muitos) livros, alguns dos quais foram best-sellers. Grisham não deixou o direito até a Paramount fazer uma oferta inesperada de $600,000 pelos direitos cinematográficos de *A Firma*.

É nessas detalhes que encontramos uma estratégia equilibrada. Não abandone precipitadamente o seu emprego para perseguir um projeto que seja mais significativo para você. Espere para fazer uma grande mudança, até ter evidências concretas de que seu novo interesse satisfaz as duas questões a seguir: primeiro, as pessoas estão dispostas a pagar por ele e, segundo, você pode replicar o resultado. No contexto da escrita, isso pode significar que você deve vender vários livros e provar que há um público forte para seus personagens. No empreendedorismo, ao contrário, isso pode significar que seu negócio paralelo deva gerar um fluxo constante de vendas. No entanto, depois de ultrapassar esses limites, tome medidas. Isso não significa necessariamente largar completamente o seu emprego atual. Mas você pode reduzir suas horas de trabalho ou tirar uma licença não remunerada. A chave é aproveitar a motivação intensa gerada pela necessidade de fazer com que o empreendimento realmente dê certo. Clive Cussler completou quatro manuscritos antes de deixar seu emprego como executivo de publicidade. Mas foi o quinto livro de Cussler, *Resgatem o Titanic!*, de 1976, que finalmente se destacou entre os demais e se tornou seu primeiro best-seller estrondoso.

ANUNCIE UMA DATA

Dedicar tempo ou sacrificar dinheiro para um projeto são duas apostas óbvias para se impulsionar em direção a um trabalho de maior qualidade. Uma terceira opção natural é aproveitar seu capital social. Se você anunciar seu trabalho antecipadamente para pessoas que você conhece, criará expectativas. Se falhar em produzir algo notável, pagará um custo social na forma de constrangimento. Não é surpresa que isso também possa atuar como um poderoso motivador. A pequena cidade onde moro, nos arredores de Washington, DC, é conhecida por sua cultura artística. Como resultado, é comum ver panfletos ou receber e-mails sobre mostras de arte de diversos tipos. Por exemplo, enquanto eu escrevia este capítulo, dois artesãos da minha rua — um designer de joias e um pintor — haviam anunciado uma feira de arte que seria realizada por três finais de semana consecutivos em um antigo prédio comercial. Eles se juntaram a uma pequena gráfica que estava criando cartazes chamativos por toda a vizinhança. Assim, esses artistas ficaram comprometidos em produzir o melhor trabalho que pudessem, já que logo teriam uma grande plateia de colegas para impressionar.

Essa estratégia de anunciar um cronograma funciona para inspirar a criação de trabalhos de qualidade em diferentes proporções. Pode ser algo tão simples quanto um aspirante a roteirista marcar um encontro com um amigo antenado em cinema para ler o primeiro rascunho de um roteiro. Ou algo tão grandioso quanto um empreendedor anunciando a data de lançamento de um novo produto. Poucas coisas valorizamos mais do que a consideração de nossos semelhantes. Anunciar uma data para o seu trabalho sequestra essa peculiaridade da evolução da nossa espécie, concentrando nosso foco em produzir o melhor trabalho possível.

ATRAIA UM INVESTIDOR

Em 1977, John Carpenter, diretor de apenas 29 anos, estava na Inglaterra para exibir seu filme de ação de baixo orçamento, *Assalto à 13ª DP,* no Festival de Cinema de Londres. O filme era simples demais para um lançamento comercial amplo e não havia arrecadado muito nas poucas salas onde havia sido exibido. Mas, apesar do alcance limitado, o talento bruto de Carpenter brilhou. Ken Wlaschin, diretor do Festival de Cinema de Londres, foi efusivo em seus elogios: "[O filme] é um dos thrillers policiais mais poderosos e eletrizantes que vimos de um novo diretor em tempos. Ele prende o público até o fim". Foi lá em Londres que o destino interveio para Carpenter. Naquela cidade, ele conheceu um financista chamado Moustapha Akkad, um homem com olho clínico para filmes americanos promissores e uma carteira cheia de dinheiro. Akkad tinha cerca de US$300.000 sobrando de outro projeto, *Lion of the Desert,* e o jovem diretor, junto com seu parceiro de produção Irwin Yablans, pressionaram Akkad para investir esses fundos em uma nova ideia que vinham discutindo: um filme de terror sobre um assassino que persegue babás. "Basicamente, nós o irritamos até ele aceitar", Yablans relembrou mais tarde. "Eu disse a ele: '$300.000 provavelmente é muito para você investir', sabendo que ele não poderia recuar por causa do orgulho."

Akkad ficou intrigado com a apresentação detalhada de Carpenter, cena por cena. O diretor descreveu sua visão do filme com tanta clareza que acabou selando o acordo. Para fechar o negócio, Carpenter concordou em abrir mão do seu salário inicial, apostando sua remuneração no sucesso do filme junto ao público. Essa aposta se mostrou certeira. Após uma apertada agenda de filmagem de 21 dias na primavera de 1978, o filme foi finalizado. O título provisório original, *The Babysitter Murders*, foi alterado para o mais evocativo *Halloween – A noite do terror.* O longa faturou mais de US$45 milhões, tornando-se, na época, o filme independente de maior sucesso da história. Além disso, *Halloween* definiu o padrão para o gênero de terror nas décadas seguintes e lançou a carreira de John Carpenter.

Assalto à 13ª DP é um filme legal, mas *Halloween* é ótimo. A diferença estava no tamanho do investimento de Carpenter. A explicação fácil para isso é que mais dinheiro permite uma melhor qualidade de produção. Isso é parcialmente verdade. Carpenter, junto com seu então desconhecido diretor de fotografia, Dean Cundey, gastou quase metade dos US$300.000 de Akkad em câmeras Panavision novinhas e leves — uma tecnologia nova na época que permitia filmar longos takes fluidos com Steadicam, em uma proporção de tela cinematográfica (Cundey aproveitou particularmente a vantagem do formato de tela widescreen, que permitia integrar vários elementos na mesma cena visual, para criar alguns sustos icônicos). Mas as câmeras sofisticadas por si só não explicam o sucesso do filme. A pressão e a motivação para satisfazer Akkad, que havia investido uma quantia significativa no projeto, ajudaram a levar a habilidade de Carpenter a novos patamares. Seu objetivo com *Assalto à 13ª DP* era mostrar seus talentos. Seu objetivo com *Halloween* era criar um filme clássico. Essa é uma diferença crucial.

Essa mesma lição se aplica a outros esforços. Quando alguém investe em seu projeto, você sente uma motivação maior para retribuir a confiança depositada. Isso vale para investimentos de capital financeiro, como no caso de Carpenter e Akkad. Mas também se aplica a investimentos de esforço pessoal, como quando um amigo te ajuda a construir cenários para uma peça de teatro ou você passa uma tarde fazendo envelopes para a campanha de marketing do seu novo negócio. Atrair outras pessoas para investir em si e em sua ideia é uma aposta ousada em si mesmo e em sua capacidade de não decepcionar os outros. É na tentativa de evitar essa decepção que a grandeza pode ser alcançada.

CONCLUSÃO

Eu abri este livro com a história do John McPhee jovem, deitado em cima de uma mesa de piquenique em seu jardim, observando uma árvore, tentando resolver um artigo complicado que ele estava com dificuldades para escrever. À medida que a carreira de McPhee avançava, ele desenvolvia, através de tentativa e erro, um processo mais detalhado e repetível para produzir seu estilo distinto de reportagem longa. Como explicado em *Draft No. 4*, ele começava copiando todas as suas observações dos cadernos e transcrevendo todas as entrevistas gravadas em fita para páginas novas, batidas em uma máquina de escrever Underwood 5. "A digitação das notas poderia levar semanas", ele explica, "mas reunia tudo em um lugar legível e fazia todo o material bruto passar pela a mente."

Após completar essa etapa, McPhee se deparava com um monte de páginas datilografadas de forma ordenada, muitas contendo múltiplos fragmentos de pensamentos ou observações não relacionados, separados por algumas linhas em branco. Para dar sentido a esse catado todo, ele codificava cada seção com uma breve descrição na margem, indicando o *componente relevante da história* que cobria. Um artigo longo padrão pode incluir notas sobre uns trinta componentes diferentes. *Encounters with the Archdruid* ["Encontros com o Arquidruida", em tradução livre], o lendário perfil em duas partes de McPhee sobre o ambientalista David Brower, incluiu 36 componentes.

McPhee costumava fotocopiar essas páginas e então usar uma tesoura para recortar cada trecho solto de nota e juntá-los em seu determinado papel. (Quando McPhee comprou um computador pessoal nos anos 1980 e começou a usar um sistema eletrônico para organizar suas notas, ele se referia à máquina como uma "tesoura de 5 mil dólares".) Cada pedaço era colocado em uma pasta simples de papelão que correspondia ao componente de sua história. O resultado era um conjunto de pastas, cada uma dedicada a um único assunto, cheias de pedaços de papel que coletivamente continham todos os fatos relevantes, citações ou observações.

Em seguida, McPhee fazia um índice com cartão três por cinco polegadas para cada um desses componentes da história e espalhava-os sobre um compensado apoiado em cavaletes — "parte essencial do mobiliário do meu escritório naquela época" — para que pudesse movê-los fisicamente em busca de uma estrutura viável para sua história. Às vezes, a arquitetura conceitual certa vinha para ele em apenas algumas horas. Em outras vezes, ele tinha que deixar o quadro lá por dias e ocasionalmente voltar-se a ele. Não havia pressa nesta etapa do processo: ele não conseguia escrever até que a ordem dos cartões fizesse sentido.

Uma vez que McPhee finalmente estivesse satisfeito com sua estrutura, ele enfim podia passar a colocar palavras no papel. Ao escrever, ele lidava com um componente da história de cada vez, abordando-os na ordem em que estavam dispostos na mesa de compensado. Ao escrever sobre um componente específico, ele retirava todos os pedaços relevantes de notas da pasta correspondente e os dispunha em forma de escada em uma mesa menor ao lado de sua Underwood 5. "O procedimento eliminava quase todas as distrações e concentrava-se apenas no material com o qual eu precisava lidar em um determinado dia ou semana", explica McPhee. "Isso me colocava na parede, sim, mas me libertava para escrever."

Há uma razão pela qual abri e fechei nossa exploração sobre produtividade lenta com duas histórias diferentes sobre John McPhee. Quando encontramos o conto inicial de McPhee sob o freixo, nas primeiras páginas deste livro, a ideia de uma noção mais lenta de produtividade era mais uma intuição ou aspiração vaga do que algo concreto e amplamente adotável. O foco lânguido de McPhee sob aquela árvore parecia ressoar com o trabalhador do conhecimento comum esgotado, mas a forma como se poderia exatamente traduzir essa ressonância numa ação prática ainda era algo nebuloso. Começamos com um sentimento, mas precisávamos de um plano.

Quando chegamos a esta segunda história mais detalhada de John McPhee, cinco capítulos depois, os contornos de tal plano esperançosamente se tornaram aparentes. Nas páginas anteriores, descrevi como o setor de conhecimento se desviou de noções razoáveis de organização do trabalho, e depois eu o conduzi por três princípios para sistematicamente cultivar algo melhor — uma filosofia que chamei de produtividade lenta. Esta não foi uma resposta reacionária ao nosso momento atual de sobrecarga, mas sim um plano de jogo para uma substituição viável. É essa praticidade que eu esperava capturar na segunda história de McPhee. Em seu processo cuidadoso e deliberado de datilografar suas notas e cortá-las em pedaços, e depois organizar cartões de índice sobre um compensado e dispor o material em forma de escada em uma mesa lateral, vemos a promessa introduzida sob a árvore no quintal de McPhee transformada em algo mais sistemático. Desacelerar não é protestar contra o trabalho. Diferentemente, é encontrar uma maneira melhor de fazê-lo.

Eu tenho dois objetivos com este livro. O foco do primeiro é: ajudar o máximo de pessoas possível a se libertarem do controle desumano da pseudoprodutividade. Como observei na introdução, nem todo mundo tem acesso a esse resultado. A filosofia que desenvolvi se destina principalmente àqueles que realizam trabalho especializado com quantidades significativas de autonomia. Este público-alvo abrange grande parte do setor de conhecimento, incluindo a maioria dos freelancers, empreendedores individuais e proprietários de pequenas empresas e também aqueles em áreas como o meio acadêmico, onde é possível grande liberdade na escolha e organização dos esforços.

Se você se encaixa em uma dessas categorias e está exausto com a sobrecarga crônica e o ritmo acelerado da pseudoprodutividade, eu o incito a considerar uma transformação radical em sua vida profissional fazendo uso dos três princípios que propus. Faça menos coisas. Trabalhe em um ritmo natural. Foque a qualidade. Dependendo dos detalhes da sua função, isso provavelmente não vai incluir passar semanas olhando para galhos de árvores ou digitando notas em uma máquina de escrever, mas quase certamente levará a um relacionamento mais sustentável com seu trabalho.*

Meu segundo objetivo com este livro se dá de forma mais ampla. A produtividade lenta é apenas uma resposta entre muitas a um problema muito maior: o mundo do trabalho do conhecimento carece de ideias coerentes sobre como nossos esforços devem ser organizados e medidos. Usar atividade visível como um indicador de trabalho útil foi, na melhor das hipóteses, uma solução temporária, criada às pressas na metade do século XX, enquanto os gestores lutavam para se reorientar diante do surgimento repentino de um novo setor econômico. Como detalhei na parte 1, esse "curativo gerencial" baseado em atividade visível há muito se soltou e caiu. A pseudoprodutividade começou a ficar insustentável a partir do momento que a revolução da tecnologia da informação tornou o trabalho infinito e removeu quaisquer restrições naturais ao ritmo desses esforços. As interrupções adicionais introduzidas pela pandemia forneceram a aceleração final necessária para que essa rotação quebrasse todo o sistema em pedaços. Há uma razão pela qual hoje é tão comum encontrarmos críticos que defendam um niilismo exaurido, no qual a

* Para os escritores freelancers entre meus leitores, recomendo o seguinte ensaio sobre McPhee, que argumenta que as mudanças na economia do meio editorial tornaram replicar seu foco mais lento em artigos de longa extensão algo difícil: Malcolm Harris, "Who Can Afford to Write Like John McPhee?", *New Republic*, 13 de setembro de 2017, newrepublic.com/article/144795/can-afford-write-like-john-mcphee. A realidade aqui é um pouco mais complicada. Embora seja verdade que as revistas não vão pagar um bom salário para alguém escrever um artigo de 40 mil palavras a cada 2 anos, é importante também notar que McPhee deixou claro em *Draft No. 4* que ser um "redator fixo" para a *The New Yorker* nos anos 1960 era um cargo sem sentido (basicamente, significava apenas que você era um freelancer com quem eles gostavam de trabalhar) e que ele não ganhava muito dinheiro apenas com artigos. Para fechar as contas, ele precisava do sucesso de seus livros e de seu cargo de ensino de escrita em Princeton. No entanto, o ponto principal por trás da história de McPhee não são os detalhes de como ele escreve artigos para revistas, mas a ideia de que a produtividade em grande escala não requer uma ocupação frenética em pequena escala.

sobrecarga e a infelicidade são destinos inevitáveis. A forma como estamos trabalhando simplesmente não funciona mais.

O que precisamos é de uma reflexão mais intencional sobre o que queremos dizer com "produtividade" no setor do conhecimento — buscando ideias que partam da premissa de que esses esforços devem ser sustentáveis e engajadores para os próprios humanos que realizam o trabalho. A produtividade lenta é um exemplo dessa mentalidade, mas não deveria ser o único. Meu desejo a longo prazo é que esse movimento inspire muitos outros, criando um mercado de diferentes conceitos de produtividade, cada um potencialmente aplicável a diferentes tipos de trabalhadores ou sensibilidades. A produtividade lenta, por exemplo, é projetada como ações, proporcionando ideias que indivíduos podem implementar imediatamente. No entanto, seria interessante equilibrar essa abordagem com outras que buscam reformular a gestão das organizações de forma mais ambiciosa, ou até mesmo a legislação que restringe o funcionamento da nossa economia de mercado. Uma revolução requer rebeldias de diversos escopos, desde as práticas e imediatas até as fervorosas e ideológicas.

Independentemente dos detalhes de como faremos progresso, nunca é demais enfatizar a importância desses esforços gerais. Há uma razão pela qual, no título de seu influente artigo de 1999, Peter Drucker classificou a produtividade do trabalhador do conhecimento como "o maior desafio". Acertarmos nisso poderia melhorar drasticamente a vida de milhões de pessoas.

Perto do final de uma entrevista de amplo escopo em 2010 para a *The Paris Review*, John McPhee se maravilhou com a ideia de que alguém pudesse considerá-lo um trabalhador excepcionalmente esforçado:

> E se alguém me diz, "Você é um escritor prolífico" — parece bem estranho. É como a diferença entre o tempo geológico e o tempo humano. Em uma certa escala, parece que eu faço muito. Mas é assim que é o meu dia, o dia todo, sentado lá, imaginando quando vou conseguir começar. E a rotina de fazer isso seis dias por semana coloca uma pequena gota no balde a cada dia, e esse é o segredo. Porque se você colocar uma gota no balde todos os dias, após 365 dias, o balde terá bastante água.

A produtividade lenta, mais do que qualquer outra coisa, é um apelo para recuar da atividade frenética da rotina diária. Não é que esses esforços sejam arbitrários: nossos dias ansiosos incluem tarefas e compromissos que realmente precisam ser feitos. Mas, como McPhee, uma vez que você perceba que essa corrida exaustiva muitas vezes é ortogonal às atividades que realmente importam, sua perspectiva muda. Uma abordagem mais lenta ao trabalho não é apenas viável, é provavelmente superior à pseudoprodutividade improvisada que dita a vida profissional de tantos hoje em dia. Se você coletar modestas gotas de esforço durante 365 dias, McPhee nos lembra, você terminará o ano com um balde bem cheio. É isso que realmente importa: onde você chega, não a velocidade com que chega lá, nem o número de pessoas que você impressiona com sua vida agitada e ocupada.

Nós tentamos a abordagem da rapidez ao longo dos últimos setenta anos, pelo menos. Não está funcionando. Chegou a hora de tentar algo mais lento.

NOTAS

INTRODUÇÃO

1 "Eu me deitei": John McPhee, *Draft No. 4: On the Writing Process* (Nova York: Farrar, Straus and Giroux, 2018), 17.

1 McPhee já havia publicado: Na minha contagem dos cinco artigos anteriormente relatados, estou pulando as pequenas peças da seção "Talk of the Town", bem como uma história curta que ele publicou na revista. O arquivo de John McPhee na *New Yorker* pode ser acessado em newyorker.com/contributors/john-mcphee. A data precisa da passagem de McPhee pela *Time* vem de Jeffrey Somers, "Jon McPhee: His Life and Work", ThoughtCo., 20 de julho de 2019, thoughtco.com/john-mcphee-biography-4153952.

1 Em seus artigos anteriores, McPhee havia escrito perfis: John McPhee, "A Sense of Where You Are", *New Yorker*, 23 de janeiro de 1965, newyorker.com/magazine/1965/01/23/a-sense-of-where-you-are.

1 Ele também havia escrito relatos históricos: John McPhee, "A Reporter at Large: Oranges–I", *New Yorker*, 7 de Maio de 1966, newyorker.com/magazine/1966/05/07/oranges-2; e John McPhee, "A Reporter at Large: Oranges–II", *New Yorker*, 14 de Maio de 1966, newyorker.com/magazine/1966/05/14/oranges-3.

2 McPhee passou oito meses: McPhee, *Draft No. 4*, 17.

2 "Pareceu normal não sentir confiança": McPhee, *Draft No. 4*, 19.

2 McPhee conheceu Brown: McPhee, *Draft No. 4*, 19.

5 "Estamos sempre sobrecarregados": Celeste Headlee, *Do Nothing: How to Break Away from Overdoing, Overworking, and Underliving* (Nova York: Harmony Books, 2020), ix.

CAPÍTULO 1: ASCENSÃO E QUEDA DA PSEUDOPRODUTIVIDADE

13 "A menos que não tenham percebido": Bill Carter, *Desperate Networks* (Nova York: Broadway Books, 2006), 42.

15 "o trabalho sobre a produtividade": Peter F. Drucker, "Knowledge-Worker Productivity: The Biggest Challenge", *California Management Review* 41, no. 2 (Winter 1999): 83.

16 "Na maioria dos casos": As citações de Tom Davenport vieram de uma entrevista por telefone feita em dezembro de 2019. Aqui está o artigo original da *New Yorker* com esta entrevista: Cal Newport, "The Rise and Fall of Getting Things Done", *New Yorker*, 17 de novembro de 2020, newyorker.com/tech/annals-of-technology/the-rise-and-fall-of-getting-things-done.

17 Isso, por sua vez, tornou: *Encyclopaedia Britannica Online*, "Norfolk FourCourse System", acessado em 18 de agosto de 2023, britannica.com/topic/Norfolk-four-course-system.

18 Linhas de montagem são entediantes: "Moving Assembly Line Debuts at Ford Factory", History, 6 de outubro de 2020, history.com/this-day-in-history/moving-assembly-line-at-ford.

18 Até o final da década: G. N. Georgano, *Cars: Early and Vintage, 1886–1930* (Londres: Grange-Universal, 1985).

19 a melhor carga para a pá: Para mais informações sobre Taylor e pás, veja "Frederick Winslow Taylor, the Patron Saint of the Shovel", Mental Floss, 27 de abril de 2015, mentalfloss.com/article/63341/frederick-winslow-taylor-patron-saint-shovel.

20 "O trabalhador do conhecimento": Peter F. Drucker, *The Effective Executive: The Definitive Guide to Getting Things Done* (Nova York: HarperCollins, 2006), 4.

24 Uma análise particularmente condenatória: Jory MacKay, "Communication Overload: Our Research Shows Most Workers Can't Go 6 Minutes without Checking Email or IM", *RescueTime* (blog), 11 de julho de 2018, blog.rescuetime.com/communication-multitasking-switches.

24 Um estudo recente conduzido: Estudo atual (a seção "Metodologia" apoia a alegação de que os participantes da pesquisa são principalmente de trabalho do conhecimento): McKinsey & Company and Lean In, *Women in the Workplace: 2021*, 2022, wiw-report.s3.amazonaws.com/Women_in_the_Workplace_2021.pdf. Para um bom resumo dos achados, veja Eliana Dockterman, "42% of Women Say They Have Consistently Felt Burned Out at Work in 2021", *Time*, 27 de setembro de 2021, time.com/6101751/burnout-women-in-the-workplace-2021.

25 "na interseção do trabalho": Jennifer Liu, "U.S. Workers Are among the Most Stressed in the World, New Gallup Report Finds", Make It, CNBC, 15 de junho de 2021, cnbc.com/2021/06/15/gallup-us-workers-are-among-the-most-stressed-in-the-world.html.

27 "ele se viu perguntando a Deus": Carter, *Desperate Networks*, 119.

28 "Ah, isso com certeza vai entrar no programa": Carter, *Desperate Networks*, 120.

28 "Zuiker apresentou seu *pitch* mágico": Carter, *Desperate Networks*, 121.

29 "Vocês precisam se aprofundar": Carter, *Desperate Networks*, 125.

29 Se combinado com o outro sucesso de destaque da CBS: Um artigo deste período sobre o papel-chave do *CSI* em levar a CBS de volta ao primeiro lugar é: "2000–01 Ratings History", The TV Ratings Guide, 15 de agosto de 1991, thetvratingsguide.com/1991/08/2000-01-ratings-history.html.

CAPÍTULO 2: UMA ALTERNATIVA MAIS LENTA

31 "O que mais nos perturba": Detalhes sobre a reação dos italianos ao McDonald's: John Phillips, "McDonald's Brings Americanization Fears to Rome", UPI, 10 de maio de 1986, upi.com/Archives/1986/05/10/McDonalds-brings-Americanization-fears-to-Rome/6908516031600.

31 manifesto que definia seus objetivos: "Slow Food Manifesto", 1989, Slow Food, slowfood.com/filemanager/Convivium%20Leader%20Area/Manifesto_ENG.pdf. Versões do "Slow Food Manifesto" em outras línguas estão disponíveis aqui: "Key Documents", Slow Food, slowfood.com/about-us/key-documents.

32 Campânia, no sul da Itália: O damasco Vesuviano é discutido por Michael Pollan, "Cruising on the Ark of Taste", *Mother Jones*, 1º de maio de 2003, arquivado em michaelpollan.com/articles-archive/cruising-on-the-ark-of-taste.

32 Realizado bianualmente: Para mais informações sobre o Salone del Gusto e os números citados, consulte Mark Notaras, "Slow Food Movement Growing Fast", *Our World*, 31 de outubro de 2014, ourworld.unu.edu/en/slow-food-movement-growing-fast.

33 "Aqueles que sofrem": Pollan, "Cruising on the Ark".

34 "uma contribuição séria": Pollan, "Cruising on the Ark".

35 Mais recentemente, o movimento da Slow Media: Para uma boa introdução ao Slow Media, recomendo o livro de Jennifer Rauch sobre o tema, publicado em 2018: Jennifer Rauch, *Slow Media: Why "Slow" Is Satisfying, Sustainable, and Smart* (Oxford: Oxford University Press, 2018), global.oup.com/academic/product/slow-media-9780190641795.

35 "Mas agora se tornou": Carl Honoré, *In Praise of Slowness: Challenging the Cult of Speed* (Nova York: HarperOne, 2005), 86.

36 "Pare de nos tratar": AppleTogether, "Thoughts on Office-Bound Work", appletogether.org/hotnews/thoughts-on-office-bound-work.html.

37 Um ano após o anúncio: Jane Thier, "Tim Cook Called Remote Work 'the Mother of All Experiments.' Now Apple Is Cracking Down on Employees Who Don't Come in 3 Days a Week, Report Says", *Fortune*, 24 de março de 2023, fortune.com/2023/03/24/remote-work-3-days-apple-discipline-terminates-tracks-tim-cook.

37 "Eles estão na vanguarda": Cal Newport, "What Hunter-Gatherers Can Teach Us about the Frustrations of Modern Work", *New Yorker*, 2 de novembro de 2022, newyorker.com/culture/office-space/lessons-from-the-deep-history-of-work.

37 Conforme relatado pela BBC: Alex Christian, "Four-Day Workweek Trial: The Firms Where It Didn't Work", BBC, 20 de março 2023, bbc.com/worklife/article/20230319-four-day-workweek-trial-the-firms-where-it-didnt-work.

37 Embora seu projeto: Gili Malinsky, "10 Companies Adopting a 4-Day Workweek That Are Hiring Right Now", Make It, CNBC, 19 de março de 2023, cnbc.com/2023/03/19/companies-with-a-four-day-workweek-that-are-hiring-right-now.html; e Ben Tobin, "Lowe's Started Offering a 4-Day Work Week after Complaints of a 'Chaotic' Scheduling System. Employees Say They Love It", *Business Insider*, 28 de março de 2023, businessinsider.com/lowes-workers-say-love-4-day-work-week-with-exceptions-2023-3.

40 Considere Isaac Newton trabalhando: Cal Newport, "Newton's Productive School Break", *Cal Newport* (blog), March 23, 2023, calnewport.com/blog/2020/03/23/newtons-productive-school-break; e Cal Newport, "The Stone Carver in an Age of Computer Screens", *Cal Newport* (blog), 27 de outubro de 2020, calnewport.com/blog/2020/10/27/the-stone-carver-in-an-age-of-computer-screens.

40 Como vou elaborar mais tarde: Cal Newport, "What If Remote Work Didn't Mean Working from Home?", *New Yorker*, 21 de maio de 2021, newyorker.com/culture/cultural-comment/remote-work-not-from-home.

CAPÍTULO 3: FAÇA MENOS COISAS

47 O nome da autora não foi: Claire Tomalin, *Jane Austen: A Life* (Nova York: Vintage Books, 1999), 220.

47 com apenas 41 anos: Dois outros romances de Jane Austen, *Persuasão* e *A Abadia de Northanger*, foram publicados após a sua morte.

48 No capítulo 6 deste memorando: James Edward Austen Leigh, *A Memoir of Jane Austen* (Londres: Richard Bentley and Son, 1871; Project Gutenberg, 2006), cap. 6, 102, gutenberg.org/files/17797/17797-h/17797-h.htm.

48 É recontado em relatos modernos: Mason Currey, *Daily Rituals: How Artists Work* (Nova York: Knopf, 2013), 25–26.

50 Como explica Claire Tomalin: Tomalin, *Jane Austen*, 87.

50 "Isso reduziu o trabalho": Tomalin, *Jane Austen*, 122.

51 "se abstrair da vida cotidiana": Tomalin, *Jane Austen*, 170.

51 "Não havia bailes": Tomalin, *Jane Austen*, 214.

52 "Dessa forma, com Cass": Tomalin, *Jane Austen*, 213.

55 "Então, de fato, comecei a trabalhar nos fins de semana": Lananh Nguyen e Harry Wilson, "HSBC Manager Heart Attack Prompts Viral Post about Overwork", *Bloomberg*, 21 de abril de 2021, bloomberg.com/news/articles/2021-04-21/hsbc-manager-s-heart-attack-prompts-viral-post-about-overwork#xj4y7vzkg. Para aqueles que não usam o LinkedIn e, portanto, não podem acessar a postagem original, uma reprodução de suas seis resoluções também pode ser encontrada aqui: Alema Ljuca, "Heart Attack Survivor Shares New Life Resolutions and It Goes Viral", Medium, 16 de junho de 2021, medium.com/better-advice/heart-attack-survivor-shares-new-life-resolutions-from-his-hospital-bed-5c7fd1aab2d8.

55 "A intensidade digital": *Work Trend Index Annual Report: The Next Great Disruption Is Hybrid Work — Are We Ready?*, Microsoft, 22 de março de 2021, microsoft.com/en-us/worklab/work-trend-index/hybrid-work.

58 "e as decisões começam": Cal Newport, "Why Remote Work Is So Hard — and How It Can Be Fixed", *New Yorker*, 26 de maio de 2020, newyorker.com/culture/annals-of-inquiry/can-remote-work-be-fixed.

67 "Aqui estava um problema": Simon Singh, *Fermat's Enigma: The Epic Quest to Solve the World's Greatest Mathematical Problem* (Nova York: Anchor Books, 1997), 6.

68 "Eu fiquei extasiado": Singh, *Fermat's Enigma*, 205.

68 "Wiles abandonou quaquer trabalho": Singh, *Fermat's Enigma*, 207.

69 "Essa aparente produtividade": Singh, *Fermat's Enigma*, 210.

72 "resultado de anos": Jenny Blake, *Free Time* (Washington, DC: Ideapress, 2022), 7.

73 "Para fazer um trabalho realmente bom em física": Aqui está um artigo que escrevi em 2014 sobre o vídeo, incluindo a identificação do trecho citado aqui (o vídeo do YouTube de 1981 foi removido por violação de direitos autorais): Cal Newport, "Richard Feynman Didn't Win a Nobel by Responding Promptly to E-mails", *Cal Newport* (blog), 20 de abril de 2014, calnewport.com/blog/2014/04/20/richard-feynman-didnt-win-a-nobel-by-responding-promptly-to-e-mails. A segunda parte dessa citação também pode ser encontrada no obituário de Feynman no *Los Angeles Times*: Lee Dye, "Nobel Physicist R. P. Feynman of Caltech Dies", *Los Angeles Times*, 16 de fevereiro de 1988, latimes.com/archives/la-xpm-1988-02-16-mn-42968-story.html.

73 "Irresponsabilidade requer vigilância": Lawrence Grobel, "The Remarkable Dr. Feynman: Caltech's Eccentric Richard P. Feynman Is a Nobel Laureate, a Member of the Shuttle Commission, and Arguably the World's Best Theoretical Physicist", *Los Angeles Times*, 20 de abril de 1986, latimes.com/archives/la-xpm-1986-04-20-tm-1265-story.html. Para uma boa e concisa história sobre Feynman e a comissão, incluindo o detalhe de seu ex-aluno envolvendo-o na participação, recomendo este artigo: Kevin Cook, "How Legendary Physicist Richard Feynman Helped Crack the Case on the Challenger Disaster", *Literary Hub*, 9 de junho de 2021, lithub.com/how-legendary-physicist-richard-feynman-helped-crack-the-case-on-the-challenger-disaster.

78 "Ao mostrar aos outros": Benjamin Franklin, *Autobiography of Benjamin Franklin*, ed. John Bigelow (Philadelphia: J. B. Lippincott, 1868; Project Gutenberg, 2006), cap. 6, https://www.gutenberg.org/ebooks/20203.

78 Durante esse período: Franklin, *Autobiography*, cap. 9.

79 "Parte do problema de Franklin": H. W. Brands, *The First American: The Life and Times of Benjamin Franklin* (Nova York: Anchor Books, 2002), 164.

79 "Hall se tornou capataz": Brands, *The First American*, 166.

80 "Estou acertando minhas contas": Brands, *The First American*, 189–90 (ênfase minha).

81 Logo depois, em parte devido: Brands, *The First American*, 200–205.

82 "Quando vou para o norte": Ian Rankin, "Ian Rankin: 'Solitude, Coffee, Music: 27 Days Later I Have a First Draft'", *The Guardian*, 7 de maio de 2016, theguardian.com/books/2016/may/07/my-writing-day-ian-rankin.

83 "A menor interrupção": As informações sobre Wharton vêm principalmente de um ensaio de Mason Currey, adaptado de seu livro *Daily Rituals: Women at Work*. Mason Currey, "Famous Women Authors Share Their Daily Writing Routines", Electric Lit, 15 de março de 2019, electricliterature.com/famous-women-authors-share-their-daily-writing-routines.

83 Nele, recomendei: Para mais informações, veja o vídeo explicativo aqui: timeblockplanner.com.

87 Começava com a história: Cal Newport, "The Rise and Fall of Getting Things Done", *New Yorker*, 17 de novembro de 2020, newyorker.com/tech/annals-of-technology/the-rise-and-fall-of-getting-things-done.

90 reuniões de alinhamento: O leitor atento pode notar a homenagem neste nome ao encantador podcast *Judge John Hodgman*.

92 "Imagine que todos da sua equipe": Cal Newport, "It's Time to Embrace Slow Productivity", *New Yorker*, 3 de janeiro de 2022, newyorker.com/culture/office-space/its-time-to-embrace-slow-productivity.

97 "extrair tudo o que podia": Blake, *Free Time*, 4.

99 "Eu assei cupcakes para o Dia dos Namorados: Brigid Schulte, *Overwhelmed: How to Work, Love, and Play When No One Has the Time* (Nova York: Picador, 2014), 5.

100 quer ser professora: Schulte, *Overwhelmed*, 13.

102 "Breaking Logjams in Knowledge Work": Sheila Dodge, Don Kieffer e Nelson P. Repenning, "Breaking Logjams in Knowledge Work", *MIT Sloan Management Review*, 6 de setembro de 2018, https://sloanreview.mit.edu/article/breaking-logjams-in-knowledge-work.

CAPÍTULO 4: TRABALHE EM UM RITMO NATURAL

114 Levou mais três décadas: John Gribbin, *The Scientists: A History of Science Told through the Lives of Its Greatest Inventors* (Nova York: Random House Trade Paperbacks, 2004), 8–9.

114 observações clássicas: Gribbin, *The Scientists*, 45–46.

114 ele só conduziu: Gribbin, *The Scientists*, 75.

115 "eles escalaram colinas": Eve Curie, *Madame Curie: A Biography*, transl. Vincent Sheean (Nova York: Da Capo Press, 2001), 160–62.

115 Neste texto, observei que, quando: Cal Newport, "On Pace and Productivity", *Cal Newport* (blog), 21 de julho de 2021, calnewport.com/blog/2021/07/21/on-pace-and-productivity.

117 "Galileu tinha uma": Gribbin, *The Scientists*, 81.

119 "um ambiente marginal": Richard B. Lee, "What Hunters Do for a Living, or, How to Make Out on Scarce Resources", *Man the Hunter*, ed. Richard B. Lee e Irven DeVore (Chicago: Aldine Publishing, 1968), 30.

120 Humanos em nossa constituição : É impossível identificar uma única data em que o "moderno" *Homo sapiens* surgiu. A idade de 300 mil anos é frequentemente citada por dois motivos. Os mais antigos fósseis de *Homo sapiens* conhecidos, encontrados no sítio de Jebel Irhoud, no Marrocos, datam aproximadamente dessa era (embora os fósseis incluam algumas características notavelmente arcaicas). Numerosas outras escavações revelaram uma transformação generalizada da cultura material africana em direção a ferramentas mais refinadas por volta desse período, como seria esperado com a chegada de uma espécie com capacidades cognitivas notavelmente aprimoradas. Para um excelente resumo desses dados, veja Brian Handwerk, "An Evolutionary Timeline of Homo Sapiens", *Smithsonian*, 2 de fevereiro de 2021, smithsonianmag.com/science-nature/essential-timeline-understanding-evolution-homo-sapiens-180976807.

122 "Os bosquímanos da região de Dobe": Lee, "What Hunters Do for a Living", 43.

122 Sua grande ideia, no entanto: Para uma discussão mais detalhada sobre as críticas e interpretações do estudo pioneiro de Richard Lee, veja meu artigo de novembro de 2022 na *New Yorker*, no qual grande parte desta seção (incluindo todos os detalhes e citações envolvendo Richard Lee e Mark Dyble) é baseada: Cal Newport, "What Hunter-Gatherers Can Teach Us about the Frustrations of Modern Work", *New Yorker*, 2 de novembro de 2022, newyorker.com/culture/office-space/lessons-from-the-deephistory-of-work.

122 Conforme relatado em um artigo: Mark Dyble, Jack Thorley, Abigail E. Page, Daniel Smith, e Andrea Bamberg Migliano, "Engagement in Agricultural Work Is Associated with Reduced Leisure Time among Agta Hunter-Gatherers", *Nature Human Behaviour* 3, no. 8 (Agosto de 2019): 792–96, nature.com/articles/s41562-019-0614-6.

128 Como Rebecca Mead aponta: Rebecca Mead, "All about the Hamiltons", *New Yorker*, 2 de fevereiro de 2015, newyorker.com/magazine/2015/02/09/hamiltons.

128 "Conseguir a aceitação para fazer teatro musical": Lin-Manuel Miranda, entrevistado por Marc Maron, "Lin-Manuel Miranda", 14 de novembro de 2016, in *WTF with Marc Maron*, podcast, 1:37:33, wtfpod.com/podcast/episode-759-lin-manuel-miranda.

129 "a mistura de música latina": Mead, "All about the Hamiltons".

129 Eles começaram a encenar: Detalhes sobre a criação de *In the Heights* vieram de dois artigos: Susan Dunne, "'In the Heights,' Drafted When Lin-Manuel Miranda Was a Student at Wesleyan University, Opens in Movie Theaters", *Hartford Courant*, 10 de junho de 2021, courant.com/news/connecticut/hc-news-connecticut-wesleyan-in-the-heights-20210610-elvljdtnd5bunegtkuz v3aql2y-story.html; e "How the Eugene O'Neill Theater Center Gave Birth to *In the Heights*", *Playbill*, 24 de novembro de 2016, playbill.com/article/how-the-eugene-oneill-theater-center-gave-birth-to-in-the-heights.

139 chefe do departamento de arte: Norma J. Roberts, ed., *The American Collections: Columbus Museum of Art* (Columbus, OH: Columbus Museum of Art, 1988), 76, archive.org/details/americancollecti0000colu/page/76/mode/2up.

140 "O lago é, provavelmente, meu amigo mais antigo": Alfred Stieglitz para Sherwood Anderson, 7 de agosto de 1924, Alfred Stieglitz/Georgia O'Keeffe Archive, Yale Collection of American Literature, Beinecke Rare Book and Manuscript Library, Yale University, caixa 2, pasta 29, citado em "Lake George", Alfred Stieglitz Collection, Art Institute of Chicago, archive.artic.edu/stieglitz/lake-george.

141 trabalhando principalmente: As informações sobre o tempo de O'Keeffe em Lake George, incluindo a afirmação de que este foi o período mais prolífico de sua carreira, são de "Georgia O'Keeffe's Lake George Connection", lakegeorge.com, lakegeorge.com/history/georgia-okeeffe. Para mais detalhes sobre o período em Lake George, incluindo os detalhes sobre a mudança da mansão para a casa da fazenda, o nome do estúdio de O'Keeffe e sua rotina matinal, veja: Molly Walsh, "O'Keeffe's Footsteps in Lake George Are Nearly Erased", *Seven Days*, 24 de junho de 2015, sevendaysvt.com/vermont/okeeffes-footsteps-in-lake-george-are-nearly-erased/Content?oid=2684054.

143 Tudo começou com um usuário do TikTok: Depois, mudou seu nome de usuário para @ZaidLeppelin.

143 No início de agosto: James Tapper, "Quiet Quitting: Why Doing the Bare Minimum at Work Has Gone Global", *The Guardian*, 6 de agosto de 2022, theguardian.com/money/2022/aug/06/quiet-quitting-why-doing-the-bare-minimum-at-work-has-gone-global.

140 O *New York Times* e: Alyson Krueger, "Who Is Quiet Quitting For?", *New York Times*, 23 de agosto de 2022, nytimes.com/2022/08/23/style/quiet-quitting-tiktok.html.

143 NPR seguiram com: Amina Kilpatrick, "What Is 'Quiet Quitting', e How It May Be a Misnomer for Setting Boundaries at Work", NPR, 19 de agosto 2022, npr.org/2022/08/19/1117753535/quiet-quitting-work-tiktok.

140 "contra o movimento": Goh Chiew Tong, "Is 'Quiet Quitting' a Good Idea? Here's What Workplace Experts Say", NPR, 30 de agosto de 2022, cnbc.com/2022/08/30/is-quiet-quitting-a-good-idea-heres-what-workplace-experts-say.html.

144 A turma da velha guarda: Para o leitor interessado neste tópico, em dezembro de 2022 publiquei um ensaio para a *New Yorker* que oferece uma desconstrução mais detalhada do quiet quitting, incluindo minha interpretação de seu significado e importância: Cal Newport, "The Year in Quiet Quitting", *New Yorker*, 29 de dezembro de 2022, newyorker.com/culture/2022-in-review/the-year-in-quiet-quitting.

147 "As janelas voltadas para o mar": Para detalhes sobre Ian Fleming e Goldeneye, veja: Matthew Parker, *Goldeneye* (Nova York: Pegasus Books, 2015). A descrição de Patrick Leigh Fermor da propriedade tem sido frequentemente citada; veja, por exemplo, goldeneye.com/the-story-of-goldeneye, e Robin Hanbury Tenison, "The Friendly Isles: In the Footsteps of Patrick Leigh Fermor", patrickleighfermor.org/2010/04/20/the-friendly-isles-in-the-footsteps-of-patrick-leigh-fermor-by-robin-hanbury-tenison.

149 "Em muitos desses dias": Cal Newport, *So Good They Can't Ignore You* (Nova York: Grand Central, 2012), 126.

150 "Por vezes é tentador": "How We Work", em *37signals Employee Handbook*, capítulo 9, basecamp.com/handbook/09-how-we-work.

155 Durante sua aparição no programa de Steve Allen: Um vídeo de 1959 com a entrevista está disponível: Jack Kerouac, entrevista por Steve Allen, "JACK KEROUAC on THE STEVE ALLEN SHOW with Steve Allen 1959", Historic Films Stock Footage Archive, publicado em 12 de janeiro de 2015, YouTube, 6:51, youtube.com/watch?v=3LLpNKo09Xk.

156 "continuou escrevendo": *All Things Considered*, "Jack Kerouac's Famous Scroll, 'On the Road' Again", apresentado por Melissa Block e Robert Siegel, foi ao ar em 5 de julho de 2007 na NPR, npr.org/transcripts/11709924.

157 "Kerouac alimentou esse mito": "Jack Kerouac's Famous Scroll."

157 "Acho que isso salvou": Mary Oliver, entrevista por Krista Tippett, "I Got Saved by the Beauty of the World", 5 de fevereiro de 2015, em *On Being*, podcast, NPR, 49:42, onbeing.org/programs/mary-oliver-i-got-saved-by-the-beauty-of-the-world.

158 "O espaço habitado transcende": Aqui está um bom resumo da discussão de *The Poetics of Space*, que também é minha fonte para a citação de "espaço habitado": Tulika Bahadur, "*The Poetics of Space*", On Art and Aesthetics, 5 de outubro de 2016, onartandaesthetics.com/2016/10/05/the-poetics-of-space.

159 "Adoro o fato": Mead, "All about the Hamiltons".

160 Uma foto do espaço de Gaiman: "Neil Gaiman's Writing Shed", Well-Appointed Desk, 8 de julho de 2014, wellappointeddesk.com/2014/07/neil-gaimans-writing-shed.

160 Dan Brown, por sua vez: Sarah Lyall, "The World according to Dan Brown", *New York Times*, 30 de setembro de 2017, nytimes.com/2017/09/30/books/dan-brownorigin.html.

161 Francis Ford Coppola tem: Francis Ford Coppola, comentários do diretor, *The Conversation*, DVD em edição especial, dirigido por Francis Ford Coppola (Hollywood, CA: Paramount Pictures, 2000).

162 Como John McPhee revelou: John McPhee, "Tabula Rasa: Volume Two", *New Yorker*, 12 de abril de 2021, newyorker.com/magazine/2021/04/19/tabula-rasa-volumetwo.

163 Contei essas histórias: Muitas das histórias e todas as citações nesta seção vêm do meu artigo original sobre este tópico: Cal Newport, "What If Remote Work Didn't Mean Working from Home?", *New Yorker*, 21 de maio de 2021, newyorker.com/culture/cultural-comment/remote-work-not-from-home.

164 Os cultos de Mistérios da Grécia Antiga: Karen Armstrong, *The Case for God* (Nova York e Toronto: Knopf, 2009), 54.

165 Os iniciados do ritual do ano anterior: Armstrong, *Case for God*, 56.

166 "resumo do processo religioso": Armstrong, *Case for God*, 56.

167 David Lynch, por exemplo: Mason Currey, *Daily Rituals: How Artists Work* (Nova York: Knopf, 2013), 121.

167 N. C. Wyeth acordava: Currey, *Daily Rituals*, 177.

167 Anne Rice escreveu *Interview with the Vampire*: Currey, *Daily Rituals*, 216.

163 Gertrude Stein acordava: Currey, *Daily Rituals*, 49–50.

CAPÍTULO 5: PERSIGA A QUALIDADE

170 Jewel passou a se juntar aos pais: É interessante notar que Jewel não foi a única sensação feminina da música dos anos 1990 a passar por essa mesma experiência de se apresentar em longos shows em bares com seus pais em uma idade inapropriadamente jovem. Conforme revelado no documentário de 2022 *Shania Twain: Not Just a Girl*, Shania Twain também aprendeu seu ofício ainda criança, cantando em bares com sua mãe. Segundo o documentário, Twain às vezes era obrigada a ficar acordada para os shows após o horário, que aconteciam após o fechamento oficial do bar, como uma forma de contornar a lei que dizia que ela era jovem demais para estar em um estabelecimento de bebidas durante o horário comercial.

170 "botecos caipiras": Jewel, *Never Broken: Songs Are Only Half the Story* (Nova York: Blue Rider Press, 2016), 21.

172 "Você acha que consegue": Jewel, entrevistada por Joe Rogan, "Jewel Turned Down $1 Million Record Deal When She Was Homeless", 25 de outubro de 2021, in *The Joe Rogan Experience*, podcast, 3:06, youtube.com/watch?v=DTGtC7FC4oI (depois citado como *JRE* 1724).

172 "despejar sua alma": *JRE* 1724, 5:25.

173 "Todas as gravadoras vieram": *JRE* 1724, 9:30.

173 "Eu recusei": *JRE* 1724, 12:38.

174 "Eu precisava me colocar": *JRE* 1724, 13:20.

174 "Eu estava fazendo": *JRE* 1724, 14:00.

174 "onde a minha arte": Veja entrevistas com Jewel, por exemplo: Taylor Dunn, "Why Jewel Says She Turned Down a Million-Dollar Signing Bonus When She Was Homeless", ABC News, abcnews.go.com/Business/jewel-talks-human-growing-career-slowly/story?id=46598431.

171 "As rádios me odiaram": Jewel, entrevistada por Hrishikesh Hirway, "Jewel — You Were Meant for ME", episódio 198, *Song Exploder*, podcast, 17:58, transcrição disponível em songexploder.net/transcripts/jewel-transcript.pdf.

175 Isso permitiu que Jewel concentrasse: Jewel, *Never Broken*, 173.

175 Em um ponto, ela até se juntou: Jewel, *Never Broken*, 177.

176 ele lhe deu um conselho Jewel, *Never Broken*, 230.

176 "Foi impressionante": Jewel, *Never Broken*, 231.

1816 "Quais deles eu devo dizer": Jason Fell, "How Steve Jobs Saved Apple", NBC News, 30 de outubro de 2011, nbcnews.com/id/wbna45095399.

181 "Decidir o que não fazer": Jason Fell, "How Steve Jobs Saved Apple", *Entrepreneur*, 27 de outubro de 2011, entrepreneur.com/growing-a-business/how-steve-jobs-saved-apple/220604.

183 "Eu simplesmente não tinha certeza": Jewel, *Never Broken*, 270.

185 "cubículo de vidro no céu": Paul Jarvis, "Working Remotely on an Island: A Day in the Life of a Company of One", Penguin UK, penguin.co.uk/articles/2019/04/working-remotely-on-an-island-company-of-one-paul-jarvis.

185 "Minha esposa e eu já tínhamos": Cameron McCool, "Entrepreneur on the Island: A Conversation with Paul Jarvis", *Bench* (blog), 3 de junho de 2016, bench.co/blog/small-business-stories/paul-jarvis.

180 "Quando você está isolado": McCool, "Entrepreneur on the Island."

186 "Normalmente, eu acordo": Jarvis, "Working Remotely on an Island".

188 "como se existisse uma lacuna": Ira Glass, "Ira Glass on Storytelling 3", postado em 11 julho de 2009, warphotography, YouTube, 5:20, youtube.com/watch?v=X2wLPoizeJE.

188 "Você se encontra de volta": Anne Lamott, *Bird by Bird: Some Instructions on Writing and Life* (Nova York: Anchor, 1994; rpt. 2019), 8.

189 Eu posso reconhecer o brilhantismo: Para mais, veja: V. Renée, "Here's What the First 3 Minutes of 'Boogie Nights' Can Teach You about Shot Economy", No Film School, 26 de setembro de 2016, nofilmschool.com/2016/09/heres-what-first-3-minutes-boogie-nights-can-teach-you-about-shot-economy.

190 "Lembro-me de que, quando terminei": Ira Glass, entrevista por Michael Lewis, "Other People's Money: Ira Glass on Finding Your Voice", 1º de março de 2022, em *Against the Rules*, podcast, 26:46, pushkin.fm/podcasts/against-the-rules/other-peoples-money-ira-glass-on-finding-your-voice.

190 Dos cinco finalistas: Os prêmios de 2021 foram os mais recentes a terem sido concedidos quando escrevi este capítulo em 2022. Dos cinco finalistas em 2021, Avni Doshi foi a única sem qualquer conexão com um programa de MFA. Na verdade, o fato de ela não ter frequentado tal programa é considerado tão incomum que é mencionado em entrevistas; por exemplo, veja Sana Goyal, "'The Shape of This Moment': In Conversation with Avni Doshi", *The Margins*, Asian American Writers' Workshop, 21 de abril de 2021, aaww.org/the-shape-of-this-moment-in-conversation-with-avni-doshi.

193 que em *Mad Max*: Vashi Nedomansky, "The Editing of MAD MAX: Fury Road", Vashi Visuals, 30 de maio de 2015, vashivisuals.com/the-editing-of-mad-max-fury-road.

195 o biógrafo de Tolkien: Raymond Edwards, *Tolkien* (Ramsbury, UK: Robert Hale, 2020), 165–67.

190 "Os Inklings eram, acima de tudo": Edwards, *Tolkien*.

196 cuidadosamente mantidos por Alexander Graham: Veja, por exemplo, o seguinte artigo sobre a disputa que contém algumas imagens interessantes do caderno de Graham: Seth Shulman, "The Telephone Gambit: Chasing Alexander Graham Bell's Secret", *Patently-O* (blog), 10 de janeiro de 2008, patentlyo.com/patent/2008/01/the-telephone-g.html.

200 criou uma "grande reação contrária": Clifford Williamson, "1966: The Beatles' Tumultuous World Tour", History Extra, 1º de junho de 2017, historyextra.com/period/20th-century/1966-the-beatles-tumultuous-world-tour.

200 mais de 35 mil policiais: Mark Lewisohn, *The Complete Beatles Chronicle: The Definitive Day-by-Day Guide to the Beatles' Entire Career* (Chicago: Chicago Review Press, 1992; rpt. 2010), 211.

200 próxima parada da turnê: Williamson, "1966: The Beatles' Tumultuous World Tour".

200 mas uma "ordem": Williamson, "1966: The Beatles' Tumultuous World Tour".

201 "mais populares que Jesus": Williamson, "1966: The Beatles Tumultuous World Tour". Para mais sobre a crise de 1966 na *Evening Standard*, veja Lewisohn, *The Complete Beatles Chronicle*.

202 "Com o produtor George Martin": Jon Pareles, "Pop View; At Age 20, Sgt. Pepper Marches On", *New York Times*, 31 de maio de 1987, nytimes.com/1987/05/31/arts/pop-view-at-age-20-sgt-pepper-marches-on.html.

203 "os críticos difamam 'Sgt. Pepper'": Pareles, "Pop View; At Age 20, Sgt. Pepper Marches On".

205 Ainda criança, Morissette: Morgan Greenwald, "19 Celebrities Who Got Their Start on 'Star Search'", *Best Life*, 16 de setembro de 2020, bestlifeonline.com/star-search-celebrities.

205 Sua presença energética no palco: Detalhes da carreira de Alanis Morissette vieram de *Jagged*, dirigido por Alison Klayman (HBO Documentary Films, 2021).

206 Com a ajuda de sua produtora musical: Jean-Francois Méan, "Interview with Scott Welch, Manager for Alanis Morissette", *HitQuarters*, 6 de agosto de 2002, web.archive.org/web/20120609212424/http://www.hitquarters.com/index.php3?page=intrview%2Fopar%2Fintrview_SWelch.html.

206 "Ela só queria ser uma *artista*": Lyndsey Parker, "Glen Ballard Recalls Making Alanis Morissette's 'Jagged Little Pill', 25 Years Later: 'I Was Just Hoping That Someone Would Hear It'", *Yahoo!Entertainment*, 25 de setembro de 2020, yahoo.com/entertainment/glen-ballard-recalls-making-alanis-morissettes-jagged-little-pill-25-years-later-i-was-just-hoping-that-someone-would-hear-it-233222384.html.

208 "A partir desse momento, não": "The Story of Twilight and Getting Published", Stephenie Meyer, stepheniemeyer.com/the-story-of-twilight-getting-published, acessado em dezembro de 2022.

209 Isso deixou Cussler: Michael Carlson, "Clive Cussler Obituary", *The Guardian*, 27 de fevereiro de 2020, theguardian.com/books/2020/feb/27/clive-cussler-obituary.

210 "Qualquer um que quisesse ver": John Noble Wilford, "For Michael Crichton, Medicine Is for Writing", *New York Times*, 15 de junho de 1970, nytimes.com/1970/06/15/archives/for-michael-crichton-medicine-is-for-writing.html.

210 Ele começou a escrever seu: Nicholas Wroe, "A Life in Writing: John Grisham", *The Guardian*, 25 de novembro de 2011, theguardian.com/culture/2011/nov/25/john-grisham-life-in-writing.

209 Foi nesse ponto: Carlson, "Clive Cussler Obituary".

213 Grisham não deixou: *Los Angeles Times*, 17 de julho de 1993, latimes.com/archives/la-xpm-1993-07-17-mn-14067-story.html.

215 "Ele prende o público": "Assault on Precinct 13", BAMPFA, bampfa.org/event/assault-precinct-13.

215 Foi lá em Londres: "Behind the Scenes: Halloween", Wayback Machine Internet Archive, web.archive.org/web/20061220013740/http://halloweenmovies.com/filmarchive/h1bts.htm.

215 "nós o irritamos até": "Behind the Scenes: Halloween".

216 O longa faturou: "Halloween", Box Office Mojo, IMDbPro, boxofficemojo.com/release/rl1342342657, acessado em dezembro de 2022.

CONCLUSÃO

219 "A digitação das notas poderia": John McPhee, *Draft No. 4: On the Writing Process* (Nova York: Farrar, Straus and Giroux, 2018), 35.

219 Um artigo longo padrão: McPhee, *Draft No. 4*, 37.

220 *Encounters with the Archdruid*, McPhee's: McPhee, *Draft No. 4*, 25.

220 McPhee costumava fotocopiar: McPhee, *Draft No. 4*, 35–37.

2204 "parte essencial do mobiliário": McPhee, *Draft No. 4*, 21.

221 "O procedimento eliminava quase todas": McPhee, *Draft No. 4*, 35–36.

225 "E se alguém me diz": John McPhee, entrevista por Peter Hessler, "John McPhee, the Art of Nonfiction No. 3", *Paris Review*, Primavera de 2010, theparisreview.org/interviews/5997/the-art-of-nonfiction-no-3-john-mcphee.

ÍNDICE

K

L

M

N

O

P

Q

R

S

T

V

W

Y

Z